Robert Walsers Wälder

Prosa und Gedichte

Herausgegeben und mit einem Nachwort
versehen von Sabine Eickenrodt
und Erhard Schütz

Insel Verlag

Insel-Bücherei Nr. 1477

Robert Walsers Wälder

Der Wald (I)

Ich kam in diesen Wald hinein
und kann nun nicht aus ihm heraus.
Mit meiner Ruhe ist es aus.
Ich kam in diesen Wald hinein.
Ich starre: ist der Wald so schön!
Der Sonnenschein hangt gelb darin.
Erregt sind mir Gefühl und Sinn.
Ist dieser Wald so schön, so schön?
Mir ist die ganze Welt jetzt tot,
da außer hier kein Ort mehr ist,
der atmet; des Empfindens List
macht jetzt die ganze Welt mir tot.
Doch jeder Stein und jeder Stamm
in diesem Wald sind Liebstes mir.
Ich komme niemals mehr zu dir,
Geliebtes, in der andern Welt.
Ich bin in diesen Wald verliebt,
mein Herz ist tausendfach zerstückt,
es schweift umher, es hangt entzückt
an allem, weil's in all's verliebt.
Wie ist mir tot die ganze Welt!
Ich kann nicht sagen, wie mir's ist
aus Scheu, doch durch Empfindens List
ist außer hier die Welt mir tot.

(um 1900)

Karl Walser: *Landschaft* (1897)

Vom Wald

Seine Erde ist wie Teppich weich,
seine Luft ist tröstend wie Balsam,
seine Stimme ist ein Liederton,
schlicht und schlank wie seiner Stämme Wuchs.
Seine Stimme ist ein Liebeston.
Jeden Morgen horche ich und lausche
in dem grünen Rätsel seiner Wohnung.
Jeden Morgen sehen meine Augen,
die verliebten, seine stummen Wunder,
seine Wunden, denn er ist bald tot. –
Aus den Stämmen quillt das rote Blut –
seine Wunden, denn er ist bald tot.

(um 1900)

Karl Walser: *Der Wald* (1902/03)

Der Wald

Wir hatten in der Schule einen alten Lehrer mit großem Kopf, der sagte uns, daß in verhältnismäßig sehr kurzer Zeit das mittlere Europa ein einziger großer Wald wäre, wenn die Zivilisation zurückginge. Wenn nicht Menschen da wären, die gegen das Wachsen des Waldes ankämpften, träte der Wald frei, als herrschendes Ganzes auf. Das gab uns zu denken. Schon das ganze Deutschland allein als ein Wald, ununterbrochen von Städten und Menschenwohnungen und Beschäftigungen der Menschen, weder von Straßen durchschnitten, noch von einem Hauch Bildung angefeindet, dieser Gedanke war geheimnisvoll genug. Wir zerbrachen uns vielfach gegenseitig die jungen, träumenden Köpfe, indem wir sie wieder anderseits mit phantastischen Bildern von großen, unendlichen Waldwelten anfüllten, und kamen wenig klug aus der Sache. Eines war sicher, die Worte des alten Lehrers gaben unserer Einbildungskraft zu tun, sie sprudelte lebhaft, sie zog träumend und tanzend Linien, zerbrach wieder, was sie mühsam gezogen, setzte wieder fort, wo sie müde aufhörte und hatte zu tun jede freie Minute. Die Intelligenteren unter uns brachten allerhand lustige und feine Bilder von unauflöslichem, unausrottbarem Wald zustande, erfüllten die geschaffene Welt mit seltsamen Pflanzen und Tieren, bis ein Punkt kam, wo auch ihre Phantasie sich als zu schwach erwies. Dann kam anderes, was uns hinriß und zum Nachdenken bewegte, der Wald trat zurück, so wie er in der Welt wirklich zurücktritt oder zurückgetreten ist, es reizten uns jetzt vielleicht Dichter oder Athleten, genug, das Geheimnisvolle des Waldes wurde übersehen, es starb, die trockene Knabenvernunft kassierte es. – Lehrer sterben, Knaben wachsen, und die Wälder bleiben, denn sie wachsen viel spurloser und stiller als Menschen. Sie sterben auch nicht so schnell. Sie haben nicht ein solches jäh emporschießendes Wachstum; dafür ertragen sie die Luft der Welt länger, sind kräftiger, dehnen sich nachhaltiger und weiter aus, und fallen nicht so schnell um, wenn sie ihre stolze gemessene Höhe erreicht haben. Der Mensch kann dafür denken, und denken, das ruiniert. So denkt er über den Wald nach, der, so scheint es, ein ganz totes unempfindliches Ding ist. Er findet es zum Beispiel wunderbar, daß die Welt so voll Wälder ist, und daß die Wälder grün sind, von so allmächtig herrschendem Grün, daß sie dem Menschenleben einen so wichtigen Zauber geben, daß sie so nah an sein Tun und Empfinden streifen, ja, darin hineingreifen. Er ist solch ein Grübler, der Mensch, und um Liebes herum grübelt er auch mit ganz besonderer Energie. Nun, so will ich es denn versuchen!

Unser Land ist voll rauschender Wälder. Das gibt, in Verbindung mit Flüssen, Seen und Bergzügen, eine liebe Heimat. Unsere Gegenden bezeichnen Wälder von verschiedener Art. Eine Art Wald hat ihr besonderes, sich dem Gedächtnis einprägendes Aussehen. Manchmal, sogar sehr oft, sind alle Arten Waldstücke zu einem großen Stück vereinigt. Aber sehr große Wälder haben wir nicht, denn wir haben zu häufige Unterbrechungen. Eine reizende Unterbrechung ist ein Fluß, eine wildere: Schluchten. Aber hängt nicht das alles doch wieder zusammen? Unterbrechungen stören nur kleinwenig das Ganze, aber sie können doch das schöne, rauschende, rollende Ganze nicht wegnehmen. Dazu ist ihnen das Ganze viel zu überlegen. Wald herrscht also in unserem Land doch als ein breites, wohlwollendes, wollüstiges Ganzes. Waldlose Ebenen haben wir kaum; Seen ohne Waldränder sind ebenso fraglich, und Berge ohne die Lust des sie krönenden Waldes sind uns ein fast Fremdes. Freilich, wo die höheren Berge anfangen, da hört selbstverständlich der Wald auf. Da, wo Fels ist, stirbt der Wald. Oder das, was, wenn es tiefer und wärmer und breiter läge, Wald wäre, ist eben dann Fels. Fels, das ist toter, gestorbener, erdrückter Wald. Wald ist so holdes, reizendes Leben! Was Fels ist, das möchte gern das fressen, was so beweglich und reizend Wald ist. Der Fels starrt, der Wald lebt, er atmet, saugt, strömt, ist See, der tiefströmend liegt, ist Fluß, der aufatmend fließt, ist Wesen, ist fast mehr Wesen als Element, denn er ist zu weich, um Element zu sein. Er ist weich! Weiches hat Aussicht, daß es hart wird. Was mit Härte beginnt, kann das hart werden? Nein, so wie nur Gutes schlimm werden kann, nur Bestes schlecht, so wird auch nur Weichstes hart, eben, weil es die Gabe hat, zu verhärten, wenn ihm Härte naht. Auf diese Weise, meine ich, haben unsere Wälder Aussicht, zu sterben, sich zu verwandeln, Fels zu werden, das zu werden, was sie ja wären, wenn sie höher und dünner lägen. Was breit liegt, das atmet in der Regel auch tief und ruhig, hat einen gesunden Schlummer, hat Leben in seinem tiefen Schlaf. Wälder schlafen, und so schön! Ihr Atem ist warm und wohlriechend, macht Kranke gesund, erfrischt erschlaffte Gesunde, ist so reich, daß er auch dann strömte und umherflösse, wenn auch nicht ein Wesen da wäre, das genösse, was so herrlich zum Genießen und Kosten ist. Wälder sind herrlich, und daß unser Land so voll Wald und Wälder ist, ist das nicht herrlich? Wäre es unsere Heimat, wenn es ein Land wäre, das ohne Wald läge? So läge es bloß, erstreckte sich bloß, wäre zum Messen, hätte gewiß auch seine Grenzen, aber lebte es? Und lebten wir in ihm, wie wir jetzt leben, da es voll Wald ist? Ein Wald ist ein Bild der Heimat, und Wälder sind Länder und die Länder sind eine Heimat.

Unsere Städte, selbst die größten, stoßen direkt an Wälder, und es gibt kleine, vergessene Städtchen, die ganz und eng von Wald umschlossen sind. Die schönen breiten Landstraßen, laufen sie nicht alle durch große Wälder? Gibt es eine einzige Straße, die sich, nachdem sie einige Stunden durch freies Land gelaufen, nicht in einem schattigen und dichten Wald verlöre? Wohl gibt es solche Straßen, aber sie stellen zum mindesten immer einen nahenden Wald in Aussicht, oder sie bieten, was doch auch zu schätzen ist, einen Nachbarwald als erfrischende Aussicht dar. Am schönsten sind gewiß die Waldstellen auf den Rücken der mäßig hohen, aber breiten Berge. Es sind dies meist Tannenwälder, die einen wunderbaren Geruch voll kühler, heilender Öle ausströmen. Buchenwälder sind seltener, aber es gibt kleine, wenig in die Höhe springende Hügel, die ganz von solchen bekleidet sind. Ich nenne nur den süßen Anblick eines Buchenwaldes im Frühling, um zwei Drittel meiner geehrten Leser als Mitergriffene auf meiner Seite zu haben. Wie herrlich sind wieder Eichen, und ganze Wälder von Eichen! Sie sind bei uns wohl die seltenste Art Wald. Ihre Haltung und Form als einzelner Baum ist schon erhebend und groß, wie viel wuchtiger und mächtiger tritt uns ein ganzer Eichenwald entgegen! Das ist dann mehr ein schäumender, brüllender, windgejagter See als ein Wald. Die meisten unserer Wälder laufen ganz wild und ungestüm bis hart an den Rand von stillen, blauen Seen. Eichen sind wunderbar schön an Seen: lieblich und zum Träumen verlockend bei ruhigem Wetter, grandios und beängstigend aber bei stürmischem. Wälder sind nur ganz selten düster. Unsere Seele muß schon düster gestimmt sein, um vom Wald einen traurigen Eindruck zu bekommen. Selbst anhaltender Regen verdüstert Wälder gerade nicht, oder er verdüstert dann überhaupt alles. Am Abend, o wie wundervoll sind da die Wälder! Wenn über dem Dunkelgrün der Bäume und Waldwiesen hochrote und tiefrote Wolken schweben und das Blau des Himmels von so eigentümlicher Tiefe ist! Alsdann ist Träumen für den Schauenden und Ankommenden eine längst vorbestimmte Sache. Alsdann findet der Mensch nichts mehr schön, weil es viel zu schön ist für seine Sinne. Er läßt sich dann, ohnmächtig und ergriffen, wie er ist, mehr von dem Tiefschönen anblicken, als daß er es selbst anschaut. Schauen ist dann eine umgekehrte, vertauschte Rolle. – Aber am herrlichsten sind doch die Wälder am ganz frühen Morgen, lange bevor die Sonne kommt, wenn im Raum alles noch Nacht ist und nur ein bleiches, lebloses Licht von oben herunterfällt, kein Licht eigentlich, bloß müdes und totes Dunkel. Da redet der Wald eine Sprache ohne

Laut, ohne Atem, ohne Bildung, und alles ist süße kalte Verständnislosigkeit.

Im Sommer sind natürlich die Wälder am schönsten, weil ihnen vom ganzen reichen ungestümen Schmuck nichts fehlt. Der Herbst gibt den Wäldern einen letzten kurzen, aber unbeschreiblich schönen Reiz. Der Winter endlich ist den Wäldern gewiß nicht hold, aber auch winterliche Wälder sind noch schön. Ist überhaupt in der Natur etwas unschön? Menschen, die die Natur lieben, lächeln zu dieser Frage; solchen sind alle Jahreszeiten gleich lieb und bedeutend, denn sie gehen eben im Bild einer jeden Jahreszeit fühlend und genießend auf. Wie prachtvoll sind Tannenwälder im Winter, wo die hohen, schlanken Tannen überschwer mit dem weichen dicken Schnee beladen sind, so daß sie ihre Äste lang und weich herabsenken, zu der Erde, die ebenfalls vor lauter dickem Schnee nicht sichtbar ist! Ich, der Verfasser, bin viel durch Wintertannenwälder gewandert und habe immer den schönsten Waldsommer dabei vergessen können. So ist es nun einmal: entweder man muß alles in der Natur lieb haben, oder es wird einem gewehrt, überhaupt etwas zu lieben und anzuerkennen. Aber Sommerwälder prägen sich doch dem Gedächtnis am schnellsten und schärfsten ein, und es ist nicht zum Verwundern. Farbe prägt sich uns besser ein als Form, oder als bloß solche eintönige Farbe, wie das Grau oder das Weiß ist. Und im Sommer ist der Wald eine einzige, schwere, übermütige Farbe. Grün ist dann alles, Grün ist dann überall, Grün herrscht und befiehlt, läßt andere Farben, die auch hervorstechen möchten, nur als in Beziehung auf sich erscheinen. Grün leuchtet über alle Formen, so daß Formen verschwinden und verschimmern! Man achtet auf gar keine Form mehr im Sommer, man sieht nur die eine große, fließende, gedankenvolle Farbe. Die Welt hat nun ihr Aussehen, ihren Charakter, so sieht sie aus; in unsern schönen Jugendjahren hat sie so ausgesehen, wir glauben daran, denn wir kennen nichts anderes. Mit welchem Glück denken die meisten Menschen an ihre Jugend: die Jugend schimmert ihnen grün entgegen, denn sie wurde im Wald am köstlichsten und spannendsten verbracht. Dann ist man groß geworden, und die Wälder sind auch älter geworden, aber ist nicht alles, was bedeutend ist, gleich geblieben? Wer ein Schlingel war in der Jugend, der wird immer eine kleine Note, ein kleines Abzeichen vom Schlingel durchs ganze Leben tragen, und so, wer schon damals ein Streber, oder ein Feigling war. Das Grün, das allmächtige Sommerwaldgrün vergißt weder der eine noch der andere; allen Lebenden, Strebenden, Wachsenden ist es durch das ganze Leben unvergeßlich. Und wie schön ist das, daß etwas so Liebes, Freundliches so unvergeßlich bleibt! Vater und Mutter und Geschwister und Schläge und Liebkosungen und Flegeleien, alles mit dem einen innigen Grün umwunden!

Wie viele fremde Handwerksburschen sind nicht schon singend und pfeifend und mundharfenspielend durch unsere Wälder gelaufen! Vor ihnen fuhr vielleicht so ein schweres, langes Fuhrwerk, und sie überholten es, weil es wahrscheinlich sehr langsam ging; dann begegnete ihnen vielleicht ein Milchwagen und später eine Gesellschaft von vornehmen Damen und Herren, und die fremden Burschen, vielleicht Norweger, grüßten leicht und freundlich, wurden gar wieder gegrüßt, weil sie stramme, hübsche Burschen waren, und gingen weiter. Was läuft nicht alles auf den Landstraßen, die durch große Wälder führen! Wie mancher Gendarm mag schon mit großer Mühe einen Landstreicher im dichten Wald voll Gestrüpp umsonst gesucht haben! Wälder lieben die Freiheit, und Freiheit, alles, was Freiheit heißt, das liebt den Wald! In früheren Zeiten mögen unsere Reisigen durch die Wälder gegangen sein, mit der Absicht im Herzen, nicht wieder, oder mit Ruhm und Reichtum beladen, zurückzukehren. Auch Frevel geschieht in Wäldern leicht, weil jegliche Freiheit und Ungezwungenheit im Walde ihren geschützten Platz findet. Aber ist der Wald schuld, daß Menschen im Walde Unrecht begehen? Der Wald verführt viel mehr zu unschuldiger Lust, als zu böswilligem, dunklem Tun, das möge man nie vergessen. – Im Winter, wo die meisten Waldbäume kahl sind, wo die kalte Luft mit den dünnen Zweigen und Ästen spielt, empfindet man recht deutlich, was eigentlich ein Wald ist, was er darstellt, und worauf er beruht. Im Sommer, in dem Tumult von Farbe und Form, vergißt man sich und selbst ihn, in dem man doch wandelt! Man genießt, und der Genießende ist ein schlechter Beobachter, weil seine Sinne durch den Genuß befangen sind. Was ist das, ein Wald? Jedermann weiß es! Was ist es, was den Wald schön macht? Jedermann weiß es eigentlich nicht zu sagen. Jedermann sagt, es ist schön da, es gefällt mir, es läßt mich viel Leid vergessen, ich begehre gar nicht zu wissen, worauf des

Schönen Schönheit beruht, auf was sich das Liebe des so Lieblichen stützt! – Der Wald weckt nur die Empfindung im Menschen, nicht den Verstand, keineswegs aber die Neigung zum Rechnen! Man kann aber auf schöne gedankenvolle Weise rechnen; ja, aber dieses Rechnen ist sogleich wiederum nichts als Empfinden, als Fühlen. Es ist ein dunkles Begreifen in jedermanns Herzen, warum der Wald so berauschend schön ist, und es will niemand, namentlich kein Empfindlicher, gern mit der lauttönenden exakten Sprache herausrücken. Wälder, durch die man gegangen ist, hinterlassen dem Herzen ein namenloses Gefühl der Hoheit und Heiligkeit, und solches Gefühl gebietet zu schweigen. »War es schön im Wald?« »Ja, o«, sagt man, »es war schön«, aber das ist auch alles.

Menschen, die leiden, besuchen gerne den Wald. Es ist ihnen, als litte und schwiege er mit ihnen, als verstehe er sehr, zu leiden und ruhig und stolz im Leiden zu sein. Der Leidende besucht gern das, was ihn mit der stolzen und freien Haltung des Leidens umfängt. Jedenfalls lernt er vom Wald die Ruhe, und er überträgt sie dann seinem Leiden. Leid will so gern schreien, sich ungebärdig benehmen. Der Wald ist den Leidenden ein Beispiel, eine Lehre, sofern er als ein ebenfalls Leidender kann empfunden werden. Und dies ist leicht; denn was schweigt und in seinem Schweigen doch Farbe und Bewegung zeigt, das leidet nach unseren Begriffen. Alles, was stolz und frei ist, das leidet, sagen wir uns. Was fühlt, oder zum mindesten: was lebhaft fühlt, das muß leiden! Der Wald fühlt, in ihm wohnt feine, tieflaufende Empfindung, er zeigt sich stolz, denn wenn er spricht, ist es nur freundlich und wohltuend. Der Leidende kann von ihm lernen, wie unschön es ist, durch seine grämlich-klagende Gegenwart andern früh das Leben zu verbittern, sie mit unnützen Ahnungen voll Trauer zu belasten. Dann wird dem, der leidet, so wohl im Wald. Er sieht und fühlt sich umrauscht von ruhiger sanfter Freundlichkeit, er bittet der Welt sein unschönes, selbstsüchtiges Klagen ab, und weiß zu lächeln mit seinem Leid. Ist sein Leiden ein tiefes, nun, um so tiefer und bedeutender und zarter wird auch sein Lächeln. Er meint, freundlich sterben zu können, hier, wo ihm alles Schnöde, Treulose, Wüste davonstirbt. Süße, süße Wonne des Vergessens umfängt ihn, lächelt mit ihm, weist ihn auf ein noch tieferes, edlergeborenes Lächeln! Und er wendet es an, und es will fast von selber kommen, es ist mehr im Herzen als auf den Lippen, und er empfindet plötzlich eine Art Glück, die mit der Art seines Leidens wunderbar schön übereinstimmt. Sein Glück küßt sein Leiden. Dann sagt er sich: »Siehe da, mein Leiden, das ist ja mein Glück; das lerne ich vom Walde, wie lieb, wie lieb bist du, Wald!« Der Wald leidet mit den Leidenden, das bilden sich alle, die leiden, gern ein, und sie finden, daß ihre Einbildung sie nicht betrogen hat. Im Wald rauscht Wahrheit und Offenheit, und diese beiden leiden. Dann hat der Leidende im Wald noch das schöne Gefühl, das vielleicht das schönste und zehrendste ist von allen, die er haben kann: der Wald fließt, er ist ein grünes, tiefes Davonfließen, Davonlaufen, seine Zweige sind seine Wellen, das Grün ist das liebe feuchte Naß, ich sterbe und fliehe mit dem Naß, mit den Wellen. Ich bin jetzt Welle und Naß, bin

Fließen, bin Wald, bin Wald selber, bin alles, bin alles, was ich je sein und erreichen kann. Nun ist mein Glück groß. Glück und Leid, das sind innige Freunde. Ich werde nun nie mehr eines Leides wegen unfreundlich oder gar zornig sein. Es gibt so viele Anwandlungen, die so gut zu vermeiden wären, und Zorn vermeidet der wahrhaft Leidende. Nur der Wald hat mich wahrhaft leiden gelehrt.

Knabe und Sängerin! – Die Sängerin fragte den Knaben: Liebst du den Wald? Der Knabe antwortete: Ich gehe oft zum Wald hinauf. Er liegt auf dem Berge. Zuerst kommen Wiesen, und auf den Wiesen stehen vereinzelte Bäume. Das war wohl auch einmal Wald. Es muß alles, alles einmal Wald gewesen sein, ich fühle und sehe es lebhaft. Ich komme zum Wald, aber er will mich ja nicht, er flieht mich. Warum liebt er mich nicht? Ich ich liebe ihn so sehr. Ich will in ihn hineindringen, will ihn haben, will, daß er mich habe, ganz, so wie ich bin. Aber er stößt mich zurück, ich sehe es ja. Ich darf nicht mehr vorwärts, ich habe so Angst. Warum muß ich Angst haben? Warum muß er mich fortstoßen? Ich habe so Sehnsucht nach ihm, so sehr Sehnsucht. Warum ist das so? Warum muß es mich zu ihm hindrängen, hineindrängen, und warum treibt es ihn von mir fort? Warum? O er schlägt mich, wenn ich ankomme. Darum gehe ich selten, denn die Streiche tun weh. Aber es tut noch viel mehr weh, nicht gehen zu dürfen. Ich muß immer denken, er sei doch lieb, sei es doch noch am Ende, und ich täusche mich bloß. Dann gehe ich wieder, und dann peitscht er mich wieder zurück, dann springe ich wieder den Berg hinunter. Ich habe geglaubt, er sei lieb am ganz frühen Morgen, noch bevor eine Sonne da sei, aber es war nicht so. Er tat nur noch wütender. Meine Sehnsucht nach ihm wird immer größer. Könnte ich sterben. Meine Sehnsucht, die wächst immer, die wird groß, sie wird bald stärker als ich. Alsdann kann ich vielleicht sterben! Ich wünsche es nicht, und doch möchte ich es, aber ich möchte noch viel lieber das andere: ihm nahe kommen. Ihm, der so bös ist, der mich fortjagt, mich, der ihm doch nur schmeicheln möchte. So grausam, so grausam ist er, und so lieb muß ich ihn haben! Einmal, es war Nacht, und er schlief, da kam ich hinein, da sang ich vor Freude! Da erwachte er und schlug mich schrecklich mit seinen Ästen. Seitdem bin ich nur noch draußen gestanden. Ich sehe ihn von weitem an, und er mich, mit so drohenden Augen. Was habe ich ihm getan? Was sieht er an mir? Ich will sterben mit meiner Liebe zu ihm. Ich will ihn nun nicht mehr sehen. Ich gehe nie mehr. Das tötet mich schon, wenn ich nie mehr zu ihm gehe. Vielleicht bin ich ja nachher bei ihm und bei ihm drinnen. Ich glaube es. O wie ich mich darauf freue! Ich habe jetzt fast keine Sehnsucht mehr. Warum auch noch welche haben? Ich mag mich weiter nicht grämen. – Der Knabe hatte die Augen voll Tränen. Die Sängerin, die mitweinte, legte den Kopf des unglücklichen Knaben sanft in ihren Schoß, schloß ihn fest mit den schönen Händen und weinte auf ihre Hände. Der Knabe weinte in der Sängerin Schoß hinein. Dann beugte sich die liebe Sängerin herab und küßte den Knaben. Sie nahm seinen Kopf zwischen ihre Hände und küßte ihn so.

Ist der Wald poetisch? Ja, das ist er, aber nicht mehr, als alles andere Lebendige auf der Welt. Besonders poetisch ist er nicht, er ist nur besonders schön! Von Dichtern wird er gern aufgesucht, weil es still ist darin, und man wohl in seinem Schatten mit einem guten Gedicht fertig werden kann. Er ist viel in Gedichten, der Wald, deshalb glauben gewisse, sonst gänzlich poesielose Menschen, ihn als etwas besonders Poesievolles verehren und beachten zu müssen. Beachtet und notiert ihn euch immerhin! Der Wald bleibt deshalb ganz ebenso unbekümmert und frisch Wald. Nichts auf der Erde hat besondern poetischen Wert, man liebt nur vielleicht das eine mehr als das andere, gibt diesem im Herzen einen kleinen Vorzug vor dem andern, ohne dabei ernstlich etwas denken zu wollen. Die Poeten, das ist sicher, lieben den Wald, die Maler auch, das ist ebenso sicher, und alle braven Menschen, besonders aber Liebende! Den Wald liebt man am Wald, nicht das Poetische daran. Sagt doch, wo, an welchem Punkt oder Zipfel fände man es? Es ist gar nicht da, dieses dumme Ungeheuer! Schön ist nichts von vorneherein! Jeder muß selbst gehen, und es als schön und köstlich empfinden lernen. Kommt er mit einem Schädel voll grinsender Poesie hinein, nämlich in das Schöne, so registriert er vielleicht etwas in sein klassisches Notizbuch, aber er geht als ein alberner, fühlloser Tropf am Süßen und Angenehmen vorbei. Sinne haben und Sinne aufzutun wagen, das dichtet schöne Waldlieder, malt herrliche Waldbilder. – Ich wende mich besonders an hochlöbliche Künstler- und Dichterkreise, wenn ich folgende kleine Geschichte knapp erzähle: Es waren einmal zwei junge Maler, die frisch in der Welt herumwanderten, mit der Absicht, ihre Skizzenbücher voll nach Hause zu tragen, um zeigen zu können, daß sie fleißige Kerle seien. Gut, soweit sind wir! Da kamen sie eines Abends an einen schönen Wald. Am Waldrand blieb der eine, nämlich der Klügere, behutsam und ergriffen stehen, staunte das Schöne an, während der andere, mehr ein Streber und Schaffer, als ein Fühler, mitten ins Waldesdunkel hineinsprang, nicht gerade, um es zu essen, sondern, um es zu studieren. Es ging ihm aber schlecht. Denn als er nun dem Dunkel so ins direkte Antlitz schaute, selber eigentlich schon vom Dunkel aufgefressen, fand und sah er es gar nicht! Natürlich, denn im Dunkel selber hat man keinen Eindruck mehr eben des Dunkels. Da stand nun der Kerl und konnte die Poesie, nämlich das Waldesdunkel, nicht erschnappen! Schöne Schlappe! Als er ganz blöde und dumm herauskam, hatte ihn der Kluge bereits tüchtig ausgelacht und überdies mit einer vortrefflichen Studie, die er vom Wald klar und einfach entworfen hatte, überholt, was den naseweisen Dickkopf nicht wenig ärgerte. Da weinte er vor Neid über des andern schöne Studie, die ihm entgangen war, und wird wohl noch immer weinen, denn solche Tränen trocknen nicht schnell. Das ist die Geschichte. Ich hoffe, sie bewirkt Gutes.

Ich führe meinen Leser, wenn er es gestattet, noch in ein Zimmer. Die Lampe ist angezündet, die Vorhänge sind vorgezogen, und um den kleinen runden Tisch sitzen drei junge Menschen: zwei Jünglinge und ein Mädchen. Einer der Jünglinge, der Fröhlichere, sitzt eng an das Mädchen gedrängt, die seine

Geliebte scheint und auch ist. Der andere sitzt gedankenvoll, eine Zigarette rauchend, allein, den beiden gegenüber. Das Mädchen, ein hübsches lebhaftes Kind, hat das kleine geistreiche Köpfchen träumerisch der Brust des Geliebten entgegengesenkt. Nun spricht es: Wie wundervoll war es im Wald. Ich habe noch die Augen voll von dem flimmernden, tanzenden Grün. Ich kann es nicht wegbringen. Was ist doch Grün für eine herrische, unvergeßliche Farbe. Warum sind die Wälder grün, warum gibt es Wälder? Es sollte alles ein rauschender Wald sein, ja die ganze Welt, der ganze Raum, das Höchste, das Tiefste, das Weiteste, alles, alles, das sollte ein Wald sein, oder (hier senkt es die helle Stimme) dann Nichts! – Nun schweigt es, und der Fröhliche sucht die Erregte zu beschwichtigen. Er tut es nicht zart genug. Das Mädchen, ganz von seinem Gedanken ergriffen, sagt: O so sollte es sein! Warum denn nicht so? Muß es verschiedene Dinge geben? Warum kann denn nicht alles nur eins sein? Ein Strom, ja, sagt jetzt plötzlich der Gedankenvolle, der bis dahin geschwiegen hat. Sage es, o sage es, sprich es aus, fleht die Neugierige, sprich, was meinst du? – Ich meine, sagt der Schweigsame, daß, ohne daß es zu scheinen braucht, oder daß es deutlich zu sehen ist, alles ein Strom ist, ein fortfließender, ewig wiederkommender Strom. Und dann ein nie wiederkommender! Wald, was ist das? Das streckt sich über Ebenen, geht Berge hinauf, springt über Ströme, springt Berge hinunter, füllt Täler aus, und das sollte keine Herrschaft haben? Es geht tief in die blauliegenden Seen, es spielt mit den Wolken, es liebt die Lüfte, und es flieht vor uns Menschen. Es kann den Zug und Atem der Menschen nicht aushalten. Wir denken, und das frei Schwebende haßt und verachtet das Denken. Dann wieder ist es uns nah, wir dürfen es lieben. Wir sehen, wie es sich in den Spiegel der Seen hinabwirft, wie es spielt mit dem Himmel, wie es Meer, Sturm, Wirbel und Strom wird. Dann werden wir selber so etwas Fortströmendes. Nun sind wir im Gange, und keine ruhige Stelle ist mehr in unserem Herzen. Jetzt lieben wir auf einmal, und es ist eine Liebe, die in alles hineinwühlt, die alles niederreißt, um alles neu, neu aufzutürmen. Wir werden Baumeister, und wir nehmen die Wälder zum Muster für künftige Bauten. Das soll so stolz und herrlich stehen wie ein Bergwald – da zerfällt es. Denn es ist etwas Kleines, ganz Kleines da, über das das Gigantische hat stolpern müssen. Da liegt es, und schön, schön ist es im Liegen. Da stirbt es, gute Nacht! – Er schweigt und weint. Das Mädchen reicht ihm über dem Tisch die schmale, zitternde Hand. Er drückt sie innig an seine Lippen. Das Mädchen sieht den andern, den Fröhlichen, der es davon hat abhalten wollen, groß und merkwürdig an.

Es ist mir, wenn ich diese Blätter überdenke, als sei ich noch zu keinem eigentlichen Schluß gekommen, als fehle noch sehr viel, als hätte ich mehr in wenigeren Worten sagen sollen. Es quält mich, und wahrhaftig, wäre der quälende Gegenstand nicht etwas so Schönes, ich ließe mich kaum abhalten, dem Lästigen stramm den Rücken zu kehren. Über etwas Schönes exakt und bestimmt schreiben, ist schwer. Gedanken fliegen um das Schöne wie trunkene Schmetterlinge, ohne zum Ziel und festen Punkt zu kommen. Ich wollte mich ausschütten, aber da habe ich einsehen gelernt, daß Ausschütten in der Kunst des Schreibens ein fortwährendes Ansichhalten verlangt. Ich wollte den Wald sich mächtig ausbreiten sehen, wollte ihn, einem Riesen gleich, die Glieder spreizen und dehnen lassen, um ihn dann, sanft ablaufend, bis zu dem Punkt zu verfolgen, wo er wieder hätte die liebe, einfache Gestalt annehmen müssen, die wir an ihm kennen und schätzen. Da verflatterte er sich, trat bald groß und herrisch und bald klein und gemütlich auf, schimmerte bloß, anstatt zu bestimmen, machte nichts weiter aus sich, enttäuschte mich sehr, der ich ihn gern als ein wildes, einflußreiches und umgestaltendes Ding erblickt hätte. Wald ist nun wieder ein einfacher Wald, hat seine Waldwege und Waldbäche, ist erfüllt mit Gesträuchen, mit allerhand Geflitter, Netzen und Tieren und Geschrei von Kindern und Lachen von Herren und Damen, welche ihn zum Spazieren erwählt haben. Er ist sanft und geduldig und lieb mit den Menschen. Er ist ein sehr stiller Geselle, dessen Farbe allerdings den Eindruck des Übermütigen erweckt, aber er selber ist fern von Überhebung. Phantasten lieben es bloß, sein Bild zuweilen etwas zu verzerren, vielleicht nur, um es liebend nachher wieder zusammensetzen zu können. Der Phantast, o was für ein Kerl ist er! Dem will gleich alles als ein anderes und viel Wilderes erscheinen. Der schweift ab, nur um überhaupt die Genugtuung zu haben, abgeschweift zu sein. Ich liebe ihn nicht, und wenn er selber in mir sitzt, dann noch viel weniger, denn dann könnte ich ihn sogar hassen. Er übertreibt alles, und er macht Lücken, wo er in eine Sache liebevoll und innig eingehen sollte. Er besitzt keine Ruhe, also auch nicht die Aussicht, jemals zur Ruhe und zur Reife zu gelangen. Nein, ihn liebe ich nicht, aber ihn, den Wald, den liebe ich von ganzer Seele. Liebe ist immer in ihren Schritten und Zeichnungen unsicher. Ich kann nicht so ganz ruhig beschreiben, wie es nötig ist, was ich liebe. Vielleicht lerne ich diesen Streit der Empfindungen noch bändigen. Ruhe, o wie schön ist sie; Ruhe und Wald sind ja eins! Das habe ich gewußt, und ich habe vielleicht gefehlt, wenn ich es dennoch unternommen habe, mit solcher Unruhe die Ruhe, den Wald zu beschreiben. Nun sage ich dem Wald aus dem Versteck aller meiner besten Gedanken lebewohl. Ich muß es. Daß der Wald so fest, so groß, so weitverbreitet, so mächtig, so stark und so voll Pracht ist, freut mich; ich wünsche den Menschen das gleiche.

(1903)

Der Waldbrand

Noch konnte man nichts bemerken, aber mit einem Male stand der ganze Berg in roten Flammen. Die herrlichen, breitgewachsenen Eichen brannten wie leichte Zündhölzer herunter, die weißen Felsen liefen schwarz an von der Glut, die an ihnen hinaufleckte. In der Stadt sahen die Menschen mit Fernrohren zu dem feurigen Schauspiel hinauf, und im See, am Fuße des Berges gelegen, spiegelte sich der schreckliche Brand in wundervollen Farben wider. Unten in den Straßen liefen und schrien und hüteschwenkten die erregten Bürger. Einzelne mieteten Boote, fuhren in den See hinaus, um aus gehöriger Entfernung den Anblick zu genießen, unter diesen Genußmenschen befanden sich junge Dichter und Maler, sogar ein Musiker war dabei, der die brennende Welt auf sein tönendes Innenleben wirken ließ. Ob er später einmal eine Symphonie daraus gemacht hat, ist bis heute noch nicht ermittelt worden. Die Feuerwehr war natürlich solch einem Naturbrande gegenüber absolut machtlos; nichtsdestoweniger läuteten die Glocken und hornten die Hörner und sprangen auf Wagen die Spritzen und deren Bedienung umher. Die Stadträte waren durch Eilboten oder Telephon und Telegramme zu einer Sitzung berufen worden. In den stillen, verborgenen Teichen, die in alten, herrschaftlichen Gärten schlummerten, leuchtete es und warf Flecken von Brand und Glut hinein, daß ein Mensch, wenn er vorbeiging, es sehen mußte. Das Glockenläuten wollte absolut nicht aufhören. Die Flammen da oben schienen die Glocken in Bewegung zu setzen, immer stärker, immer stürmischer, hin und her, mit Getöse und Getön, verschiedene Glocken wie eine einzige Übermächtige loslassend; zu Fenstern, die nie geöffnet wurden, steckte heute eine alte Mannes- oder Frauensperson, eine treue, von der Welt gar nicht gekannte Magd, oder ein Herr mit Habichtsnase und schneeweißem Haar den Kopf heraus, um zu sehen, zu hören und weiß nicht was sonst noch zu machen. Der unsichtbare, geläufige Schrecken lief durch die Gassen, klopfte an alte Gartentore, stieg über Mauern und traf die Stirne eines Fräulein, welches am Fenster stickte; der Schreiner hatte sein Hobeln aufgesteckt, der Schlosser sein Hämmern, der Schuster sein Klopfen, der Schneider sein Stechen, der Handlanger auf den Bauplätzen sein Schaufeln, der Totengräber sein Graben, der Uhrmacher sein Polieren, der Gelehrte sein Studium, alles hatte einen neuen und einen gleichen Beruf bekommen, den des bangen Abwartens, wie das enden würde. Aus den umliegenden, über die Felder und Hügel verstreuten Ortschaften lief es herbei, ein Gerassel von Beinen, Köpfen und Armen; Fuhrwerke sprangen, Radfahrer radelten, Weiber schrien, Kinder, die gestoßen wurden, weinten, fielen um und erhoben sich wieder; am Bahnübergang gab es eine Stockung von Menschen, Rädern und Schimpfworten, bis der Eisenbahnzug vorbeifuhr und man durchkonnte. Immer dieses Geläute und diese schreckliche Röte, als ob irgendwo, in einer räuberischen Ecke, die Welt angezündet worden wäre, von einem krassen, übernatürlichen Spitzbuben, von einem Gott; als ob die Glokken ohne die Röte nicht hätten läuten und schallen können, als ob der Tag, wie ein in zornige Scham gehülltes Gesicht, mit diesem feurigen Rot unbedingt hätte überzogen werden müssen. Manchmal sah es wie eine groß angelegte, dekorative, freskohafte Wandmalerei aus, Feuerbrand darstellend, bis ein Laut dazu kam, der einen wieder an die plastisch-bewegliche Wirklichkeit erinnerte. Jetzt wiederum schien es mehr am Himmel als auf der Erde zu brennen, so sehr hatte das Feuer den Himmel gerötet. Die untergehende Sonne schien ein mattes Lämpchen dagegen zu sein, nicht imstande, noch ein einziges Auge an sich zu ziehen. Oftmals hielten die Hornrufe inne, als müßten sie Atem geschöpft haben, um zu erneuten Leistungen zu gelangen. Stundenweit, hieß es später in den Zeitungen, sah man das herrlich-traurige Farbengemälde, und die entfernten Menschen stießen sich in den fernen Wohnungen, Straßen, Plätzen, Promenaden und Arbeitsstätten an und sagten: du, sieh, was ist das für ein Schein dort in der Ferne? Dann wurde es Nacht, aber niemand wagte, sich niederzulegen und zu schlafen; die Lampen wurden angezündet in den Zimmern, und um die Familientische vereinigt saßen Mutter, Vater, Sohn, Tochter, Bruder, Kind und Schwester und Tante und Schwager, und sprachen miteinander von der Waldfeuersbrunst und von dem furchtbaren Schaden, den sie angerichtet hatte. Viele Leute gingen hinauf zu der weiten, sich über den ganzen, breiten Berg erstreckenden Brandstätte, die noch zischte und dampfte und knisterte in ihrem Verlöschen. Andern Tags erblickte jedermann statt des grünen einen schwarzen, rauchenden Berg, der schöne Wald war verbrannt, alle die heimlichen Lustplätze, das Moos über dem hohen Felsen, das Dickicht der Pflanzen und Sträucher, die hohen Tannen und Eichen mit ihren Armen voll grünen, süßen Laubes, alles das ist ein jammervoller Anblick gewesen und der materielle Schaden ein beinahe tödlich verwundender. Man ist nie dahintergekommen, wer den Brand verursachte, aber man vermutet, es seien Schuljungens gewesen, die sich mit allerhand Feuerzeug von jeher gern im Wald herumgetrieben haben. Ein Maler hat davon ein Gemälde gemacht, er heißt Hans Kunz, ist ein Trunkenbold und ein Verächter aller guten und wohlgefälligen Sitten. Das Bild wird im Rathaussaal aufgehängt werden, zum fortdauernden Andenken an das große Wald-, Berg- und Gemeindeunglück.

(1907)

Ferdinand Hodler: *Thunersee mit Niesen* (1910)

Grün (I)

Man begreift es nicht, man vermag es kaum zu fassen, es ist erschreckend, es ist etwas Unheimliches, etwas beinahe Überwältigendes. »Hat es einen Sinn?« fragt man sich. Beinahe sinnlos ist es. Es betäubt, es macht den Verstand schwindeln. Es tut den Augen, dem Herzen weh, es beklemmt und bestürzt die Seele. Farbe, Farbe. Keine andere Farbe ist vielleicht so sehr Farbe, wie diese. Keine zweite Farbe blendet so sehr. Grün, grün. Wohin man blickt: Grün. Die Einfälle, die Gedanken, die Regungen der Seele nehmen eine heimliche Verwandtschaft mit dem Grün an und arten in Grün aus. Die Gesichter sind beinahe grün. Es hat etwas Rätselhaftes, Aufregendes, Grauenhaftes. Nein, nein, es ist nicht so einfach; um den modernen Menschen herum ist überhaupt nichts mehr so einfach. Täuschen wir uns nicht, gehen wir nicht mit bleichen, kranken Scherzen über Dinge hinweg, die uns erschüttern, die uns die Ohnmacht, in welcher wir immer, immer leben, eindringlicher fühlen machen. Grün, grün. Aus dem Boden hervorquillt es dick. Es ist geradezu entsetzlich. Es lähmt, macht auf Minuten krank, der Kopf steht still, und die Seele will aufschreien, will aus ihrer Befestigung, dem Körper, herausbrechen. Blau ist sittsam und sanft. Es gibt auch im Herbst und im Winter ein Blau. Aber grün? Warum grün? Warum, warum so schrecklich, so köstlich, so herrlich grün? Es brennt. Grün: das brennt. Die Welt im Frühling ist ein Brand in grün. Grün ist eine Raserei von Farbe. Hochauf bäumt es sich, lang streckt es sich aus. Man ist kein Mensch mehr. Man weiß nicht mehr, was und wer man ist. Es tobt, es zürnt, es quillt, es lodert. Grün ist eine fürchterlich ernste, heilige Farbe. Eine grauenerregende Farbe, eine mahnende, fragende Farbe, eine göttliche Farbe. Weiß, zum Beispiel, lächelt, gelb streichelt. Warum gibt es schwarze und weiße Katzen, und nicht grüne? Ach ja, und warum schillern manchmal Augen grün? Grün kriecht über Nacht aus dem Innern der Erde, schlägt überall, überall, einer dunklen Ahnung ähnlich, hervor. Wie ist Grün gebieterisch.

Grün sei die Farbe der Hoffnung? Jawohl, gewiß, ganz gewiß. Doch man versuche es, zu hoffen ohne je zu erzittern und zu erschauern. Dicht neben, oder vielmehr, mitten drin in der Hoffnung lebt finsteres hoffnungsloses Bangen und Verzagen. Es gibt keine Farbe auf der Welt, die so sehr Einsamkeit und Planeten-Verlorenheit ausdrückt wie Grün. Grün ist der Ruhm der Welt. Grün ist die größte, feierlichste Farbe. Es ist der Farbenanfang, der Inbegriff, der Stolz der Farben. Grün ist die Seele der Farben. Und dann: warum ist es nicht ein wenig heller? Es könnte ja matter, leichter sein. Aber nein, nicht hell, sondern düstersatt, samtig dunkel, wie ein Weltenzorn, tritt es auf und leuchtet und schillert und blendet uns entgegen. Warum ist man im Frühling so krank, so matt, so frauenhaft auf das Weiche und Zärtliche gestimmt, so tatlos, so phantasielos. Grün erstickt die Phantasie, weil es selber eine Phantasie ist. Grün ist der Räuber der menschlichen Energien; hat nicht Napoleon sich vor dem Frühling gefürchtet? Nicht? Nun, dann bilde ich es mir vielleicht nur ein, denn auf mich wirkt es wie eine Lähmung, derart, daß ich mich in eine Katakombe zurückziehen möchte, um nur dem erschreckend süßen Anblick zu entgehen. Ich fürchte mich im Winter nie vor mir, im Herbst habe ich geradezu goldenes Zutrauen zu mir selber, aber im Grün, um Gottes willen, hinein in die erstbeste Kneipe, trinken, trinken. Grün tötet. Blühen, Knospen. Wozu? Man versteht es nicht. Ich weiß es jetzt, weiß es jetzt ganz genau, daß ein blühender Frühling auf den Menschen, je länger er lebt, einen immer stärkeren Eindruck macht; da wird es ganz naß, da schwimmt es vor lauter Grün, und alle Menschbeschäftigungen kommen einem so sonderbar vor, beinahe wie ein klarübersichtlicher Irrsinn. Es ist ja in der Tat auch etwas Irrsinniges am Grün; und Blühen: was ist es anderes als eine Art Irrsinn? Flimmern ist Irrsinn. Schon recht. Man wird sich ja natürlich, als der Mensch von Verstand, der man ist, damit abzufinden wissen. Hier wollte ich eine Illustration liefern, eine Verkörperung, eine Verherrlichung. O, es gibt Träume, die ganz dunkelgrün sind, von Spuren Rot durchzogen, von Blau umsäumt, so, als sei unser Denken und Dichten blau, unser besseres Wollen rot und unser Leben unaussprechlich grün. Ja, Grün ist – Leben, Grün ist Lieben. Es mißfällt oft. Es entzückt und entsetzt zu gleicher Zeit, und es wird von Tag zu Tag wilder und üppiger. Nach und nach, gegen den Sommer, läßt es an Tiefe ab. Man gewöhnt sich daran. Dann geht man unter den reichen blätterflüsternden Bäumen wie unter Dächern spazieren. Der Staub nimmt ihm auch viel von seinem tiefen Glanz weg, und mitten in großen Städten rauschen und wispern im Hochsommer die Blätter, die dann ganz grau und fahl sind, als seien sie von Eisen.

(1911)

Der Wald

Von allerlei seltsamen Empfindungen durchdrungen, ging ich langsam auf dem felsigen Weg in den Wald hinauf, der mir wie ein dunkelgrünes undurchdringliches Rätsel entgegentrat. Er war still und doch schien es mir, als bewege er sich und trete mir mit allen seinen Schönheiten entgegen. Es war Abend, und soviel ich mich erinnere, war die Luft von süßer melodischer Kühle erfüllt. Der Himmel warf goldene Gluten in das Dickicht hinein, und die Gräser und Kräuter dufteten so sonderbar. Der Duft der Walderde bezauberte mir die Seele, und ich vermochte, benommen und beklommen wie ich war, nur langsamen, ganz langsamen Schrittes vorwärtszugehen. Da tauchte aus dem niedrigen Eichengebüsch, zwischen Tannenstämmen, eine wilde, große, schöne fremde Frau hervor, angetan mit wenigen Kleidern und den Kopf bedeckt mit einem kleinen Strohhut, von dem ein Band aufs schwarze Haar herabfiel. Es war eine Waldfrau. Sie nickte und winkte mir mit ihrer Hand zu und kam mir langsam entgegen. Der Abend war schon so schön, die Vögel, die unsichtbaren, sangen schon so süß, und nun noch diese schöne Frau, die mir wie der Traum einer Frau, wie die bloße Vorstellung dessen, was sie war, erschien. Wir traten uns näher und begrüßten uns. Sie lächelte, und ich, ich mußte ebenfalls lächeln, bezwungen von ihrem Lächeln und gefangen genommen von der herrlichen, tannengleichen Gestalt, die sie hatte. Ihr Gesicht war blaß. Der Mond trat nun auch zwischen den Ästen hervor und schaute uns beide mit gedankenvollem Ernst an, und da setzten wir uns nebeneinander ins feuchte, weiche, süßduftende Moos und schauten uns zufrieden in die Augen. O, was hatte sie für schöne, große, wehmutsvolle Augen. Eine Welt schien in ihnen zu liegen. Ich faßte sie um den großen weichen Leib und bat sie, mit so viel Schmeichelei in der Stimme, als ich hineinzulegen vermochte (und das war nicht schwer), mir ihre Beine zu zeigen; und sie nahm den Rock von den Beinen weg, und da schimmerte mir durch das Dunkel des Waldes sanft das himmlisch schöne weiße Elfenbein entgegen. Ich neigte mich und küßte beide Beine, und ein freundlicher willkommener Strom strömte mir durch den beseligten Körper, und ich küßte nun ihren Mund, der die schwellende nachgiebige Güte und Liebe selber war, und wir umarmten uns und hielten uns lange, lange, zu unserem gegenseitigen stillen Entzücken, umschlungen. Ach, wie mich der Duft der Waldnacht entzückte, wie mich aber auch der Duft entzückte, der dem Körper der Frau entströmte. Wir lagerten auf dem Moos wie in einem kostbaren, reichgeschmückten Bett, Stille und Finsternis und Frieden um uns her, über uns die tanzenden und blitzenden Sterne und der gute, sorglose, liebe, große, göttliche Mond.

(1912)

Tannenzweig, Taschentuch und Käppchen

An einem Vormittag stieg ich den waldbesetzten, steilen Berg hinauf. Es war heißes Wetter, und der Aufstieg kostete mich manchen Schweißtropfen. Der grüne Wald glich an Helligkeit und Schönheit einem Lied. Wie ich oben auf der Höhe ankam, konnte ich so recht frei in die weiße schimmernde Tiefe blicken. Das tat ich, und ich konnte mich an der herrlichen Aussicht gar nicht satt schauen. Wie schön, wie wohltuend ist eine Aussicht von einem hohen Berge. Der Blick schweift in die weite, umflorte, helle Ferne und steigt nieder in die wohllüstige, göttlich-schöne Tiefe. Wundersames Blau war am Himmel. Der Himmel zerfloß in süßem Blau, war ganz getränkt von Blau. Blau und grün und die goldene Sonne stimmen wunderbar zusammen, gleich einem süßen, milden, dreistimmigen, freundlichen Lied, wo jede Stimme sich um die andere schlängelt, wo jede Stimme die andere liebkost und küßt, wo alle drei seligen, glücklichen Stimmen einander umwinden und umschlingen. Ich kam nachher zu einer Bank, mitten im kühlen, grünen, hohen Tannenwald gelegen, und was sah ich darauf liegen? Einen Tannenzweig, ein Taschentüchelchen und ein Puppenkäppchen. Wie stimmte mich nun wieder dieser neue Anblick fröhlich, wo mich vorher der Anblick der Naturhöhe und -tiefe beglückt, berauscht und erheitert hatte. »Ein Kind muß hier gewesen sein und hat diese lieben Zaubersachen hier liegen lassen«, sagte ich, indem mich ein Lächeln ankam, zu mir selber. Der grüne Tannenzweig lag auf dem kindlich weißen, zarten und blassen Taschentuch so weich, und das Käppchen, wie lächelte es den aufmerksamen Beschauer so freundlich, so naiv an. »O Gott, o Gott«, rief es in mir, »wie ist die Welt durch das Dasein süßer, lieber, unschuldiger Kinder schön und ewig, ewig wieder gut. Daß man doch nie aufhöre und immer wieder von neuem anfange, an die Güte, an die Schönheit, an das Glück, an die Größe und an die Liebe der Welt zu glauben.« Noch warf ich auf Tannenzweig, Taschentuch und Käppchen rasch einen Blick und eilte weiter, denn es ging gegen Mittag, und ich wollte punkt zwölf beim Mittagessen sein.

(1914)

Die kleine Schneelandschaft

Gestern haben wir Schnee bekommen, und heute in der Morgenfrühe ging ich hinaus zur sorgsamen und ruhigen Besichtigung der Schneelandschaft. Niedlich, wie ein artiges Kätzchen, das sich geputzt hat, liegt jetzt das reiche, liebliche Land da. Jedes Kind, sollte ich meinen, kann die Schönheit einer Schneelandschaft im Herzen verstehen, das feine saubere Weiß ist so leicht verständlich, ist so kindlich. Etwas Engelhaftes liegt jetzt über der Erde, und eine süße, reizvolle Unschuld liegt weißlich und grünlich ausgebreitet da. Ich freute mich über meine Aufgabe, über das Amt, über die angenehme Pflicht, die mir vorschrieb, sorgfältig und aufmerksam Notiz vom Schnee und seinen Reizen zu nehmen. Wunderbare Feinheit und Schönheit lag darin, daß das Gras so artig und mit so zarten Spitzen aus der Schneefläche herausschaute. Ich ging wieder zu meinem alten unverwüstlichen, gütigen Zauberer, zum Wald, und zum Wald wie im Traum wieder hinaus, und da lag es da, das Kinderland in seiner Kinderfarbe. Die Bäumchen und Bäume schienen einen graziösen Tanz auf dem weißen Felde aufzuführen, und die Häuser hatten weiße Mützen, Kappen, Kopfbedeckungen oder Dächer. Es sah so appetitlich, so lockig, so lustig und so lieb aus, ganz wie das zarte, süße Kunstwerk eines geschickten Zuckerbäckers. Noch ein Morgenlicht leuchtete in einem Fenster, und ein anmutig Haus stand in einiger Entfernung, das hatte Fenster wie Augen, welche fröhlich und listig blinzelten. Das Haus war wie ein Gesicht, und die fünf grünen Fenster waren wie seine Augen.

Geh doch hin, lieber Leser, noch steht das zauberische Landbild da, mit Schnee auf seinem lieblichen Antlitz. Man darf nur nie zu träge sein und sich vor ein paar hundert Schritten nicht fürchten, zeitig aus dem Faulenzerbett aufstehen, sich auf die Glieder stellen und nur ein wenig hinauswandern, so sieht sich das Auge satt, und das freiheitsbedürftige Herz kann aufatmen. Geh hin zu der artigen Schneelandschaft, welche dich wie mit einem schönen freundschaftlichen Munde anlächelt. Lächle auch du sie an und grüße sie von mir.

(1914)

Karl Walser: *Der Wald* (1902 / 03)

Der nächtliche Aufstieg

Alles war mir so seltsam, so, als hätte ich es nie gesehen und sähe es zum erstenmal im Leben. Ich fuhr mit der Eisenbahn durch ein Gebirge. Es war Abend, und die Sonne war so schön. Die Berge kamen mir so groß vor, so gewaltig, und sie waren es auch. Durch Höhe und Tiefe wird ein Land reich und groß, es gewinnt an Raum. Verschwenderisch mutete mich die Bergnatur an mit den hochaufragenden Felsgebilden und mit den hochaufschießenden schönen dunklen Wäldern. Ich sah die schmalen Wege sich um die Berge schlängeln, so anmutig, so poesiereich. Der Himmel war klar und hoch, und auf den Wegen gingen Männer und Frauen. An den Halden standen so schön, so still die Häuser. Ein Gedicht schien mir das Ganze, ein altes herrliches Gedicht, ewig neu durch lebendiges Fortdauern. Dann wurde es dunkler. Bald schimmerten die Sterne in die tiefe schwarze Schlucht hinab, und ein glänzend weißer Mond trat an den Himmel. Schneeweiß war die Straße, die durch die Schluchten lief. Eine tiefe Freude bemächtigte sich meiner. Ich war glücklich, daß ich in den Bergen war. Und die reine frische, kalte Luft. Wie herrlich war sie. Ich atmete sie mit Leidenschaft ein. So fuhr der Zug langsam weiter, und endlich stieg ich aus. Ich gab meine Sachen ab und schritt nun zu Fuß weiter, hinauf in die Berge. Es war so hell und zugleich so schwarz. Die Nacht war göttlich. Hohe Tannen ragten vor mir auf, Quellen hörte ich gurgeln und murmeln, das war eine so köstliche Melodie, ein so geheimnisvolles Sagen und Singen. Ich sang selber ein

Lied in die Nacht hinein, während ich auf der hellen Straße immer höher stieg. Es kam ein Dorf, und dann ging es durch einen ganz finstern Wald. Ich stieß mit dem Fuß gegen Wurzeln und Steine, und da ich den geraden Weg verloren hatte, stieß ich oft auch den Wandererkopf an Bäume hart an. Ich mußte aber nur lachen darüber. O wie prächtig war dieser erste nächtliche Aufstieg. Alles so still. Es lag etwas Heiliges über allem. Der Anblick der schwarzen Tannen freute mich tief. Mitternacht war es, als ich oben im Hochtale vor dem kleinen dunklen Hause anlangte, im Fenster war Licht. Es wartete jemand auf mich. Wie ist das doch schön, in stiller rauschender Nacht in einer hochgelegenen Natureinöde anzulangen, zu Fuß, gleich einem wild daherfahrenden Handwerksgesellen, und zu wissen, daß man von jemand Liebem erwartet wird. Ich klopfte. Ein Hund fing an zu bellen, daß es weithin hallte. Ich hörte, daß jemand die Treppe eilig hinunter zu laufen kam. Die Tür wurde geöffnet. Jemand hielt mir die Lampe oder Laterne vor das Gesicht. Man erkannte mich, o das war schön, das war so schön – –

(1914)

Die Landschaft (I)

Alles war so schaurig. Nirgends ein Himmel, und die Erde war naß. Ich ging, und indem ich ging, legte ich mir die Frage vor, ob es nicht besser sei, mich umzudrehen und wieder heimzugehen. Aber ein unbestimmtes Etwas zog mich an, und ich verfolgte meinen Weg durch all die düstere Verhängtheit weiter. Ich fand an der unendlichen Trauer, die hier ringsum herrschte, Gefallen. Herz und Phantasie gingen mir auf in dem Nebel, in dem Grau. Es war alles so grau. Ich blieb stehen, gebannt vom Schönen in diesem Unschönen, bezaubert von den Hoffnungen inmitten dieser Hoffnungslosigkeiten. Es schien mir, als sei es mir fortan unmöglich, noch irgend etwas zu hoffen. Dann schien es mir wieder, als schlängle sich ein süßes, unsagbar reizendes Glück durch die trauervolle Landschaft, und ich glaubte Töne zu hören, aber es war alles still. Noch ein anderer Mensch schritt durch das Gehölz, durch all dieses schwermütige Schwarz. Seine vermummte Gestalt war noch um etwas schwärzer als das Schwarz der Landschaft. Wer war er, und was wollte er? Und nun tauchten bald noch andere schwarze Gestalten auf, aber keine der Gestalten kümmerte sich um die andere, jede schien genug mit sich selbst zu tun zu haben. Auch ich kümmerte mich nicht mehr, was diese Leute wollten und wohin sie gehen mochten in der Finsternis, sondern ich kümmerte mich um mich selbst und zog hinaus in die eigene Unklarheit hinein, die mich mit nassen, kalten Armen rasch umarmte und an sich riß. O es kam mir vor, als sei ich einst ein König gewesen und müsse nun als ein Bettler ziehen in die weite Welt, die da strotzt von Unkenntnis, die da strotzt von dicken und finsteren Gedanken- und Gefühlslosigkeiten; es kam mir vor, als sei es ewig nutzlos, gut zu sein, und ewig unmöglich, redliche Absichten zu tragen, und als sei alles töricht und als seien wir alle nur kleine Kinder, zum voraus den Torheiten und Unmöglichkeiten überliefert. Dann gleich nachher war wieder alles, alles gut, und ich ging mit unaussprechlich freudiger Seele weiter durch die schöne fromme Dunkelheit.

(1914)

Spaziergang (I)

Ich habe einen wohligen, kleinen, appetitlichen Spaziergang gemacht, leicht und angenehm wickelte er sich ab. Ich ging durch ein Dorf, dann durch eine Art von Hohlweg, dann durch einen Wald, dann über ein Feld, dann wieder durch ein Dorf, dann über eine eiserne Brücke, unter welcher der breite, sonnige, grüne Strom vorüberfloß, dann den Strom langsam entlang und so fort, bis es Abend wurde. Doch ich muß wieder zu dem Wald zurückkehren. Übrigens werde ich sehr wahrscheinlich auch über die Brücke noch etwas zu sagen haben. Im Wald war es so heilig-still, so feierlich, und als ich aus dem feuchten, dunkelgrünen Tannenwald herauskam, sah ich am Rand des Waldes zwei Kinder, die Holz zusammengelesen hatten, und die so helle Gesichter und Arme hatten. Die Wintersonne warf einen milden, goldenen Wunderglanz über den Feldhügel, über grüne Wiesen und dunkelbraunes Ackerland. Kahle, schwarze Bäume standen in der Sonne. Da sah ich, indem ich so ging, ein neues Kindergesicht, ein süßes, welches mich anlächelte. Und dann kam ich, wie gesagt, zu der Brücke, die ganz im Golde und im Silber der Sonne schimmerte und zuckte. Wonnig und großartig floß das Wasser unter der Brükke. Später, im Feldweg, begegnete mir eine Frau, deren ich mich darum erinnere, weil sie mich so freundlich grüßte. Da dachte ich: »Welch ein Vergnügen ist es doch, unter den Menschen sein zu dürfen.« Die Häuser am anderen Ufer des Flusses standen so schön, so frei auf der grünen Anhöhe, und die Fenster waren voll gelben Schimmers. Eine Schar Vögel flog in den brennenden Abendschimmer hinein. Ich verfolgte mit meinen Augen die Kette, bis sie verschwand. Eine Seite der Welt war ruhig und warm und dunkel, die andere war kalt und goldig und schimmernd-hell. Ruhig, Schritt für Schritt, ging ich weiter, bis ich einbog ins Land. Alsdann sah ich einige Leute, eine Frau und ein Kind unter abend-schwärzlichen Bäumen. Ihre Augen sahen mich so fragend an. Dann ging ich neben einem Haus vorbei, das ganz allein auf freiem weiten Felde stand, ein zierliches, wunderseltsames altes liebes Gärtchen davor oder daneben. Das Gärtchen umzäunt von einer wunderlichen, phantastischen Hecke. Nun wurde mir mit einem Mal alles zu Traum, Liebe und Phantasie. Alles, was ich jetzt anschaute, nahm große und hohe Form an. Die Gegend selber schien zu dichten, zu phantasieren. Sie schien über ihrer eigenen Schönheit zu träumen. Das Land war wie versunken in ein tiefes, musikalisches Denken. Ich blieb bezaubert von der Schönheit, die mich umgab, stehen und schaute mich aufmerksam nach allen Seiten um. Es war Abend geworden, das Grün sprach eine herrliche abendliche Sprache. Farben sind wie Sprachen. Dem Haus, bei dem ich stand, hing das Dach in die Fenster hinab wie eine Kopfbedeckung in die Augen. Sind nicht die Fenster die Augen der Häuser? Ich mußte jetzt zum Halbmond hinaufblicken, der hoch über dem Waldberg stand. Wundersam war es mir, zu sehen, wie die dunkle Erde so warm, so gesellig, so wohlig-ruhig dalag, und wie der Mond da oben in der schimmernd-blassen und kalten Himmelseinsamkeit schwebte und glänzte. Seine Farbe war ein scharfes, eisigkaltes Silbergrün. Göttlich schön und unaussprechlich dunkel stand der Wald mit seinen reizenden Tannenspitzen unter dem graziösen Herrscher, dem herrlichen Mond. Ich kam an einem anderen Haus vorüber, eine Frau stand an der Tür, und ein Kätzchen kauerte neben ihr. Ich ging mit meinen Gedanken in das Haus hinein und blieb mit ihnen darin wohnen. »Wie sind Menschen und Häuser einander ähnlich«, sagte ich murmelnd zu mir selber. Dunkler und dunkler wurde es. Abende sind Gottheiten, und im Abend ist man wie in einer süßen, hohen, wehmutreichen Kirche. Am blassen Himmel stand jetzt ein feuriges, süßes Rot. Es war, als sei der Himmel eine Wange, die vor Glück und vor Seligkeit erglühe. Ein Bauernbursche führte eine braune Kuh neben mir vorüber. Die kleinen Dorfkinder sagten gar wunderschön aus dem zunehmenden Abenddunkel heraus guten Abend. Alle Gesichter waren rötlich angeglüht vom rosig-glühenden Abendrot. Schon zeigten sich die Sterne. Da war gerade das Wirtshaus am Weg. Ich ging hinein.

(1914)

Der Heidenstein

In dem Wald, der, weil er so schön ist, mich immer wieder zu sich zieht, steht unter den hohen, schlanken, ernsten Tannen ein Stein, den die Leute den Heidenstein nennen, ein schwärzlicher, moosüberzogener Granitblock, auf welchen oft die Schulknaben klettern, ein wundersamer Zeuge aus uralten, wundersamen Zeiten, bei dessen sonderbarem Anblick man unwillkürlich stillsteht, um über das Leben nachzudenken. Still und hart und groß steht er inmitten des lieben grünen heimeligen Waldes da, gewaschen von unzählbaren Regengüssen, versteckt im Bereiche der schweigenden treuherzigen Tannen, Bild der Vergangenheit, Ausdruck der schier ewigen Beständigkeit und als ein Beweis vom unausdenklichen Alter der Erde. Oft schon bin ich vor dem schönen Stein stillgestanden, den zwei alte wunderliche Tannenbäume zieren, die auf dem ehrwürdigen Gestein Platz zum kräftigen Wachstum gefunden haben. Auch heute habe ich ihn wieder gesehen, und indem ich ihn so sah, sprangen mir folgende leise für mich hingemurmelte Worte über die Lippen: »Wie schwach und weich und leichtverletzlich ist doch das Menschenleben, verglichen mit deinem Leben, du alter, unzerstörbarer Stein, der du lebst vom Beginn der Welt an bis heute, der du leben und stehen wirst bis an das fragwürdige Ende alles Lebens. Dich scheint das Alter eher zu festigen und zu kräftigen, als anzugreifen und zu schwächen. Rings in der Gegend sterben die empfindlichen Menschen. Geschlechter folgen auf Geschlechter, die, Träumen ähnlich, und dem bloßen, zarten Hauch verwandt, auftauchen und verschwinden. Dir ist keine Schwäche bekannt. Ungeduld ist dir fremd. Gedanken rühren dich nicht an und das Gefühl tritt nicht bis zu dir. Und doch lebst du, bist lebendig, führst dein steinern Dasein. Sage mir, lebst du?« – Voller sonderbarer Fragen, voller Ahnungen entfernte ich mich von dem merkwürdigen alten, trotzigen, steinharten Gesellen, und ich hatte das Gefühl, als sei er ein Zauberer, als sei der Wald durch ihn verzaubert.

(1914)

Der Waldberg

Ich bin um den einen von den beiden länglichen Waldbergen, die unserer Stadt naheliegen, herumgegangen, wobei ich drei bis vier freundliche, kluge, stille und sehr, sehr liebe Dorfschaften zu streifen, zu berühren und zu passieren hatte. Wie ich mich entsinne, war das Wetter ein winterliches-freundliches. Indessen ließ die Landstraße da und dort an Sauberkeit und schöner, feiner Glätte zu wünschen übrig, was als großes Unglück nun auch nicht gerade bezeichnet werden kann. Gibt es ja doch Schuhputzer, die einem später das stark in Anspruch genommene Schuhwerk wieder reinigen und in Ordnung setzen können. Die Welt gewährte einen grünen, hauchartigen Anblick. Die Farben waren sehr zart, und was die Formen und Erscheinungen betrifft, so begegneten mir auf der Straße einige Fuhrleute mit Fuhrwerken, sowie eine alte behäbige, korbdahertragende Bauersfrau und ein städtischer mürrischer Händler. Zur linken Seite hatte ich fortlaufend und mit mir, dem Fußgänger, gleichsam weitermarschierend, den Waldberg, während zur Rechten sich eine zarte, schöne Ebene erstreckte, mit Feldern und Äckern und Moorlandschaft. Ein kleines Landstädtchen mit Kirchturm in der Ferne und ein Stück Fluß, und in einiger Nähe drei Frauen, die im Feldweg arbeiteten. Sie lachten und redeten miteinander, als sie den einzelnen Wanderer so wacker und fleißig dahermarschieren sahen. Ich muß und will gerne gestehen, daß ich, wenn ich schon einmal marschiere, es mit einem gewissen sichtlichen Eifer und Ernst tue, daß mir jedermann anmerkt, wie ich dabei genieße, eine

Offenherzigkeit, für die ich mich nicht schelten möchte. Ich kam nun in ein Dorf und trat ohne viel Besinnen ins heimelige, einladende Dorfwirtshaus, wo ich mir ein Glas Bier geben ließ. Nicht lange, und so traten zwei der schönsten Bauerntypen herein, der eine langnasig und mittelalt, der andere so alt und dabei so fröhlich, wie nur ein alter, steinalter Landmann sein kann, der auf ein Leben voller Arbeit und Mühsal gütig und heiter zurückblickt und fast – herabblickt. Der Langnasige hatte eine Tabakspfeife im Munde so trefflich eingeklemmt, daß es aussah, als sei die Pfeife ein Teil des Gesichtes. Sein Gesicht war das schönste Tabakspfeifengesicht, das ich je sah, und es war unmöglich, sich das Gesicht ohne Pfeife vorzustellen. Die beiden wackeren kernigen Erscheinungen setzten sich, nicht ohne vorher ein wenig sich zu besinnen, zu mir an den Wirtstisch und verlangten vom Mädchen ein Bäzzi- oder sogenanntes Drusenwasser. Ich erkundigte mich sogleich nach der Beschaffenheit ihres Schnapses oder Branntweines, und beide Leute beeilten sich, mit mir zu konversieren, was eine gar freundliche und erquickliche Unterhaltung abgab. O es ist so ernst, so schön, mit Menschen zu reden, die es hart haben im Leben. Der alte Bauer war niemand anders als der Dorfälteste. Wie rührend erschien er mir. Ihm zu Ehren trank ich zwei Gläser über den eigentlichen Durst hinaus und verweilte länger im Gasthaus als ich zuerst wollte. Dann ging ich. Ich zog den Hut vor den beiden, und sie beide lüpften oder besser lüfteten die Kappen, und so zog ich hinaus, gleich einem kecken, gutgelaunten Wanderburschen, auf die Straße, auf welcher es bereits Abend war, und nun ging es leise, still und schön in die Welt und nachher in die Nacht hinein. Viele liebe, rötlich-blasse Dorfkindergesichter sah ich noch, und immer war der gute, herzliche, waldige Berg so warm und so heimatanmutig mir zur Seite. Endlich kam ich auf einer feinen runden Straßenwindung um ihn herum. So hatte ich ihn denn umgangen und umlaufen und voller Stolz langte ich rechtzeitig zu Hause an.

(1914)

Sonntagmorgen

Heute, am Sonntag, ging ich früh ins nahegelegene Land hinaus. In unserer Gegend berühren sich Stadt und Land wie zwei gute wackere Freunde. Ich machte nur hundert Schritte, oder vielleicht noch hundert dazu, und da lag schon der ländliche, zarte Winter vor mir mit seinen strubbligen Bäumen und seinem lieblichen Wiesengrün. Ich kam zum Wald, der so schön, so still in der grauen, kalten Luft dastand mit graziösen Tannenwipfeln. Aus einem entfernteren Pfarrdorf klangen die Sonntagsglocken laut und doch leis und still daher über den Waldsaum hinüber. Kälte und hartgefrorener Weg und ein schönes breites Bauernhaus in dem Gewirr von schwärzlichen Winterbäumen. Ein zarter, friedlicher Rauch stieg wie lächelnd aus dem Kamin, und ein kleiner, lustiger, kecker Feldweg schlängelte sich quer durch den Acker in den Wald hinein. Ich ging an sonntäglich gekleideten Menschen vorbei in meinen alten, lieben Wunderwald hinein, später jenseits wieder hinaus, wo wieder Weg und Feld, grauer Himmel, Baum und Haus und andre Leute mir begegneten. Es lag in aller Winterkälte und -gestorbenheit so viel warmer Friede, so viel uraltes und ewig wieder junges und frohes Leben. Eine grüne Anhöhe guckte schelmisch zu mir hernieder. Ich liebe, liebe mein Land mit seinen Pfaden, Ecken, Kreisen und Winkeln. Bald war ich zu Hause im angenehm geheizten Zimmer. Ich setzte mich an den Tisch, ergriff die Feder und schrieb dieses.

(1914)

Im Wald

Ich stand im Wald, der sich über unserer Stadt steil erhebt. Schon waren mir allerlei Gedanken flüchtig durch den Kopf gegangen, aber es war mir kein Gedanke schön genug. Ich sann über mein eigenes Sinnen nach und machte mir über die eigenen Gedanken wieder Gedanken. Der Abend war in den Wald gekommen, zwischen den Stämmen und Zweigen sah ich von unten her die Lichter der Stadt schon schimmern. Da brach der Mond hinter einer Wolke hervor, der blasse, edle Zauberer, und da war alles göttlich schön, da war ich und alles um mich her verzaubert. Ich meinte, ich sei gestorben. Himmlisch schön, freundlich und gütig war des Mondes Lächeln. So lächelt ein gütiger, hoher Gott seine Geschöpfe an. Schwermut-Lächeln! Da und dort im dunkeln Wald ein leises Regen, ein Ahnen, eine feine, kleine Bewegung. Aber sonst war es still wie in einem hohen, weitentlegenen Saal. Da dachte ich, indem ich so den Mond betrachtete, an eine Frau. Es war, als habe nur er mir den Gedanken eingeflüstert, er da oben, der blasse Mond. Ehemals Freundin, war ich ihr und war sie mir jetzt fremd geworden, und wir grüßten uns nicht mehr, schauten uns gegenseitig nicht mehr an. Doch hatte ich sie seltsamerweise lieb wie immer, sie war mir wert und teuer wie immer. Und wahrscheinlich war auch ich ihr lieb wie sonst. Ich mußte lächeln. Süß fand ich es, so allein als Freund des edlen lieben Waldes im Wald zu stehen und den Mond zu vergöttern. Mir war so ruhig zu Mut, so, als könne mir von nun an nichts Böses mehr, nichts Ungefälliges mehr und nichts

Unschönes mehr begegnen. Ruhig ging ich zwischen den stillen Bäumen weiter, auf die der Mond all seinen entzückenden Glanz warf. Ich kam dichter und dichter in die Bäume, alles war voll Äste und voller geisterhafter Ruhe. Hie und da ein Schimmer noch in all dem Schwarz. Himmlische Finsternis, tiefer, froher Zauber. Hinlegen hätte ich mich mögen und aus dem Wald nie mehr wieder hinausgehen. Kein heller, unruhiger Tag mehr, nur noch die einzige immerwährende Nacht, Freude, Stille und Ruhe, Frieden und Liebe.

(1915)

Waldfest (I)

Jemand, den ich um Lektüre bat, hatte mir gesagt: »Sie lesen gern Marlitt.« Hierauf erwidert' ich: »Eher manches andere, auch wenn's scheinbar weniger fesselt.«

Indem ich daran dachte, mußte ich lachen. Ich saß zu Hause und schaute zum Fenster hinaus. »Aber ich will doch auch etwas vom Sonntag haben«, sagte ich, und ging fort. Im Gehen warf ich wahre Paläste von Schaffensplänen um; sie stürzten zusammen, ohne zu krachen. Derlei Katastrophen vollziehen sich im stillen.

Wie ich dies tat, wurd' ich ganz lustig und lief längs eines Flusses, dann über eine Wiese in ein Wäldchen, dann über ein Feld, dann auf einen Hügel, wo ich in einen andern Wald hereinkam. Er war voll Leben. Aus allen Orten drangen Stimmen. »Sollt' es hier ein Fest geben?« dachte ich und begegnete Leuten, die sagen konnten, sie hätten auch ihrerseits jemand angetroffen.

Nach und nach geriet ich ins Fest und suchte nach Schauspielen. Vor allem war der Wald selber ein solches. Nun vernahm ich Musik, ging ihr nach, und wie ich mehr und mehr im Sonntagstreiben schwamm, so sagte ich zu einem Herrn: »In Ihnen erblicke ich wohl einen Veranstalter.« – »Kann sein, und was wäre auch gut?« – »Dürft' ich mich eingehend den hier dargebotenen Zerstreuungen anschließen?« – »So eng und warm wie Sie wollen.«

Hier wurde gekegelt, dort mit einem hölzernen Hammer zum Vergnügen auf einen Stift geschlagen. Familien hatten sich's auf dem Boden bequem gemacht. Knaben kletterten auf Bäume oder auf einen Stein, der aus der Urzeit stammte. Besonders hübsch war der Rundblick rings herum, da man überall helle Frauenkleider sah. Bald lag es ruhend, bald bewegte sich's. In offener Tanzhalle wurde getanzt. Unter Tannen war ein Panoptikum errichtet, zwar kein so prunkhaftes wie das berlinische in der Passage Friedrichstraße. Hier im Wald war's weniger elegant, dafür aber viel grüner.

Wurde nicht drei Schritte weiter Tee abgeholt? Spielte später die Musikmannschaft nicht ein Vaterlandslied, daß es wie Klang aus Gottfried-Keller-Büchern durch den Wald hallte? Eigentlich wurden zwei Feste abgehalten; da aber eins denselben Sinn verfolgte wie das andere, so sah's wie ein einziges aus. Da ich eine Waldanhöhe erstieg, riefen zwei Mädchen: »Das wollten wir auch.« Als ich sagte: »So kommt«, wollten sie nicht mehr.

Ich ging im Kreis ums Waldleben herum, immer in den Bäumen und Tönen. Da fand ich an einen Baumstamm gedrückt einen jungen Menschen. »Lieben Sie so sehr das Einsame, daß es Ihnen Spaß macht, sich zu verstecken?« fragte ich ihn. Er schaute mich an, gab mir aber keine Antwort. Nicht weit davon küßten sich zwei. Die waren gescheiter. Glücklichsein ist wohl das Gescheiteste, was es auf der Welt gibt.

Bescheidene Freude nicht verschmähen. Gesund und liebend sein. Was paßt besser in den Wald als solches? Sind nicht weiß und rot die Farben unseres lieben schönen Landes?

(1919)

Der Wald von Diaz

In einem von Diaz gemalten Wald standen Mütterchen und Kind still. Vom Dorf waren sie wohl eine Stunde weit entfernt. Knorrige Stämme redeten in einer Urweltsprache. Die Mutter sprach zum Kind: »Ich bin der Meinung, daß du dich nicht so an meine Schürze klammern solltest. Als wenn ich nur für dich da wäre. Unbesonnenes, was denkst du eigentlich? Du Kleines möchtest die Großen abhängig von dir machen. Ei, wie gedankenlos. Es ist nötig, daß einiges Denken in dein schlummerndes Köpfchen kommt, und damit das wirklich eintrifft, lasse ich dich jetzt allein. Sogleich hörst du auf, dich mit deinen Händchen an mir zu halten, Unflätiges, Aufdringliches. Ich habe Grund, böse mit dir zu sein, und glaube auch, ich bin es. Man muß endlich mit dir deutsch reden, sonst bleibst du dein Leben lang ein hülfloses Kind, in einem fort auf die Mutter angewiesen. Damit du die Liebe zu mir kennenlernst, mußt du auf dich selbst angewiesen sein, mußt zu fremden Leuten hin und ihnen dienen und darfst nichts zu hören bekommen als harte Worte, ein Jahr, zwei Jahre lang und noch länger. Alsdann wirst du wissen, was ich dir gewesen bin. Immer nur um dich, bin ich dir unbekannt. Ja, Kindchen, du gibst dir keine Mühe, du weißt gar nicht, was Mühe ist, geschweige Zärtlichkeit, du Unzartes. Mich immer zu haben, macht dich ganz denkfaul. Dann denkst du keine Minute, und eben das ist die Denkfaulheit. Du sollst arbeiten, mein Kind, und du bringst es fertig, wenn du willst, und du wirst schon wollen müssen. So wahr ich hier mit dir im Wald stehe, den Diaz malte, sollst du dir den Lebensunterhalt sauer verdienen gehen, damit du mir innerlich nicht verwilderst. Viele Kinder werden roh, weil man sie verzärtelt, weil sie nie denken, danken lernten. Die geben alle später nur äußerlich schöne und feine Damen und Herren ab, bleiben selbstsüchtig. Um dich davor zu bewahren, daß du grausam wirst, Törichtheiten dich hingibst, behandle ich dich roh, denn aus zu sorglicher Behandlung stehen gewissen- und sorgenlose Leute auf.« Als das Kind diese Sprache vernahm, öffnete es die Augen schreckensweit, es zitterte, und durch die Blätter des Diazwaldes fuhr ebenfalls ein Zittern, aber die kräftigen Stämme standen fest. Das Laub am Boden raunte: »Was in diesem kleinen Aufsatz steht, ist scheinbar sehr einfach, aber es gibt Zeiten, darin alles Einfache und Leichtbegreifliche sich vom Menschenverstand total entfernt und daher nur mit großer Mühe begriffen wird.« So raunte das Laub. Die Mutter war gegangen. Das Kind stand allein da. Vor ihm stand die Aufgabe, sich in der Welt, die auch ein Wald ist, zurechtzufinden, von sich selbst eine geringe Meinung hegen zu lernen, die Selbstgefälligkeit aus sich zu vertreiben, damit es gefalle.

(um 1924/25)

Hier an diesem Wäldelein

Hier an diesem Wäldelein
sah mich der Sonnenschein
vor mehr schon als vor zwanzig Jahren.
Unzählige Scharen
von Jahren sind schon hingeflogen
über diesen grünen Raum,
die Zeiten haben keinen Saum,
keine Grenzen, was ist unser bißchen Leben
für eine Kleinigkeit daneben.
Wir Ahnungenumrankten, wir.
Kaum daß wir zur Erde kommen,
bemühen sich [um] uns die frommen
Nonnen, die Wehmutideen,
demutvolle und stolze Schwän',
deren Gefieder kindlich schön
lächelt. Die Gegend freut sich, daß ich
sie wiederzuseh'n kam,
ein Zug von Gram
ist freilich dem Gesichte eigen,
vor welchem Antlitz ich mich neigen
muß und nicht will?
Wie bin ich und wie ist auch sie so still.

(um 1924/25)

Wie feierlich so eine Tanne steht

Wie feierlich so eine Tanne steht,
wie würdig ihre Äste niederhängen,
ob ihr wohl Späßlein je gelängen,
jedfalls ist nichts an ihr, das flennt und fleht.

Ob wohl die Müh' uns sonst noch her was weht,
womit wir unsren Gegenstand besängen,
die Tanne scheint uns nicht sehr reich an Klängen,
sie bläht sich jedoch nicht mit Qualität.

Als Kleidung trägt sie ein verhalt'nes Grün,
scheint eher abgeklärt als keck und kühn,
stellt eine Bindung dar von Wärm' und Kälte.

Sie ist das ständig Aufsichselbstgestellte,
woran schon häufig Dringlichkeit zerschellte,
das, was sich auch in acht nimmt beim Erglüh'n.

(um 1925)

Im Walde

O, im Walde,
wo es Inselchen
und Gräben und zahllose Wege gibt,
zierlich kostümierte Schäfer
neben ihren zarten Herrinnen liegen,
Verse ihnen rezitieren,
Mademoisellen kampieren,
ermüdet im Moos ruh'n,
von Abenteuern träumend,
die behandschuhte Hand am Busen,
der schwanger ist von schönen Empfindungen,
wo alle Erzählungen,
die von Liebe und von Ritterlichkeit
handeln, neu aufleben,
als wären sie wahr,
Don Quichotte sich mit dem
Räuberhauptmann unterhält
und hervor aus dem Dickicht,
auf schnaubendem Roß,
das Mädchen hervorbricht,
das im Eifersuchtsanfall
den Freund erschoß und nun wehklagt,
Geistlichkeit
und die Gesittung und die Bildung
und alles, was gemütlich und schicklich ist

und lustig, leise im Kreise
säuselt, ja, da
ist's schön.

(um 1925)

Die Kreatur

Nachts raschelt im Wald das Tier,
das Atem hat wie wir.
Habt ihr's empfunden,
dies Wesen mit den tausend Wunden,
in stillen Gebirgsstunden,
oben in kalter Luft,
in dieser Natur, in dieser Gruft? –
Sei nicht bös auf mich,
hätt's auch aus hundert Munden
in dir geschmäht mit mir.
Noch immer verehr' ich dich!
Alle Leute hadern mit sich,
steigen von den Gipfeln der Unzufriedenheit
langsam ins Tal,
auf Pfädelein, die schmal
wie Zungen sind, des Gesinnungsumschwunges,
und jeder ging schon weit
fort im Geist und kehrte in das bißchen Glück
zurück,
Abschied von erdichteten Zuständen nehmend.
Sahest du die Großäugige
im Wald stehen, die schon die Hunnenschlacht
unbewegt mitansah?
Gestern nacht war ich ihr nah.

Nun sitz' ich da.
Eisenbahnzüge durchqueren die Länder,
auf dem Meere fliegen die Schiffe.

(1925)

Ferndinand Hodler: *Der Buchenwald* (1885)

Hodlers Buchenwald

Ich frühstückte herrlich und in Freuden, aber man sollte so etwas nicht so laut sagen in einer Zeit, wo zartere Naturen die unzarteste Menge von Sorgen auf ihren Schultern tragen. Dann lenkte ich meine Schritte, die eines Menschen Schritte sind, der auf der Höhe seiner Epoche zu stehen scheint, zum Denkmal Oskar Biders hin, ging rund um dasselbe herum und bekam den Eindruck von etwas Schönem. Meine bescheidene Meinung ist, man tut gut, vor einem Kunstwerk, das von der Gemeinde oder vom Staat von einem Künstler bestellt worden ist, und das auf dem und dem Platz aufgerichtet wurde, zunächst Respekt zu haben. Die meisten unserer Mitbürger glauben da immer gleich ihren Senf, will sagen, ihr Dafürhalten zum Besten geben zu können, als wenn jedes Werk gleich von ihnen begriffen sein müßte, und, wenn das nicht der Fall ist, sie zu abfälligen Bemerkungen berechtigt seien.

Ich kam dann zur Reproduktion eines Gemäldes, die im Schaufenster einer Buchhandlung ausgestellt war. Hier blieb ich vergnügt, verjüngt stehen. Ich lachte noch still in mich hinein der Kritik wegen, die vor dem Bider-Denkmal abgeladen worden war. Es waren da ungemein komische Ausdrücke gefallen. Jetzt dachte ich daran, wie ich das Original dieses Bildes einst im Hause seiner Besitzerin gesehen hatte. Es hing gleichsam so in einer Domestikenstube. Nun, irgendwo müssen Bilder eben plaziert werden. Das Haus war ja ganz voll von Erlesenheiten der Malerei, und die Frau, die all das ihr eigen nannte, stellte sich als ein Figürchen dar, und ich trank in dieses Figürchens Gesellschaft den Tee, und meine tadellose Aufführung war eine Sehenswürdigkeit. Es wurden auch belegte Brötchen herumgereicht, und indem ich sie mir schmekken ließ, brachte ich das Gespräch auf Spitteler, und mein Freund glaubte mir, als wir die Villa verlassen hatten, gestehen zu müssen, er hätte nie gedacht, daß gerade ich mich so korrekt benehmen könne, und nun schaute ich also die Reproduktion an, und es rief in mir: »Wundervolle Studie!«

Man konnte da in einen winterlich-kahlen Buchenwald hineinschauen, der mit der besten Charakteristik wiedergegeben ist. Das Bild ist von Hodler, aber abgesehen davon, wenn es nun von einem andern, Unbekannteren wäre, so würden Wert und Freude nicht geringer. Die Stämme sind schlank, hell und dünn, und hie und da hängen einige klappernde Blätter dran. Man hört förmlich, wie sie in ihrem Winterzustand raspeln, den man als fröhlich empfindet. Vielleicht repräsentiert das Bild nicht sehr. Man kann mit dem Buchenwäldchen nicht Staat machen, und aus diesem Grunde kam es vielleicht ins Mansärdchen hinauf, von wo aus man übrigens die entzükkendste Aussicht genießt. Unten lag ein See wie Seide ausgespannt, wie ein Damengewand von anstandsvollster Durchschimmerigkeit, und hier vor der Kunsthandlung fand ich nun das Bild wieder, worin ein kalter Winterwind auf dem Wald liegt, nicht ein sehr starker. Aber was großartig ist: sehen Sie nicht, wie Kälte und kalter Wind ins Bild hineingemalt sind, und das Zappelnde dieser paar Blätter ist ebenfalls gemalt, und der Wald steht in einem kaltblauen, vor Winterbläue ins Grüne hinübergehenden Himmel, und das ist von solcher Abgelauschtheit, Erlebtheit, wie es wenige so überzeugende Beispiele gibt.

Vielleicht würde ich dieses Bild, falls ich's besäße, auch in eine Mansarde hinauftun, denn es ist kein Salonbild. Man steckt unwillkürlich die Hände in die Tasche, wenn man es anschaut, das eine so wundervolle Winterwiedergabe ist. Im Wald hantiert ein Mann, und man sieht, fühlt: der Waldboden ist gefroren und man sieht weit, weit über den Wald hinaus, es geht vom Wald aus ins weiteste Weite, und nun habe ich vielleicht noch nicht alles gesagt, was von dem Bild gesagt werden könnte, aber Sie fühlen sicher aus dem Gesagten heraus, wie ich es bewundere.

(1925)

Wenn jetzt die Bäume

Wenn jetzt die Bäume eine solche grüne
Liebkosung vereint, schmeichelt's uns, und kühne,
drollig große, runde Gipfel
ragen empor, des Lebens Wipfel
dünsten, barfuß und schuldbewußt zu stehen
vor dem Tempel dünkte den
Lesenden schön, ihm schienen
die Zerklüftetheiten zuzurufen,
die Höhe lag umwölkt und in Ruhe
zerteilt und umzittert, umlispelt,
von den hochaufgetürmten Steinen,
von den Gesängen der Wälder
leiten Wege, die alt sind und jung,
hinab in die Felder.
Aber aus der Niederung,
liebes Kind, zuckten
die geduckten
Peitschen. Bezaubert zu sein ist nicht nützlich,
aber Nützlichsein auch nicht bezaubernd.

(um 1926)

Das Wirtshaus am Waldrand

Ich saß vergnügt, d. h. einen Anflug von Mißvergnügtheit heuchelnd, damit ich nicht nach allzu viel Vergnügtheit aussähe, in einem Wirtshaus am Rand eines prächtigen Forstes, durch dessen Schönheiten ich schon vielmals gewandert bin, worauf ich keineswegs stolz zu sein habe, wessen ich mir aufs bescheidenste bewußt bin. Als ich brav aß und trank und den naturliebenden Handelsmann spielte, sprang die Türe auf, und einer trat herein, der ausrief: »Wenn er nur wieder selbstlos wäre! Einst war er doch so!«, mit welchen Worten er sich ins Nebengemach verfügte. Dem Wirt gefiel es, mit der Frage an mich heranzutreten, ob ich nicht der fortgesprungene Bursche sei, den Damen eifrig suchten, eine Ansprache, auf die ich antworten zu können meinte: »Früher las ich das Buch ›Die Waffen nieder‹ von Frau Berta von Suttner.« – »So? So?« wurde gemacht, »sehr nett, sehr nett! Allem Anschein nach sind Sie geistreich.« Die Blätter des wunderbargroßen, weiten Waldes führten vor den Fenstern der Gaststube ihr unerforschtes, fröhliches Dasein, und nun kamen zwei Frauen derart herbeigetanzt, als hätten sie gefunden, daß Tanzen ehrfurchteinflößend aussähe, worin sie in gewisser Hinsicht recht hatten, denn ihr tänzerisches Auftreten schien von gemessener, durchaus anstandvergegenwärtigender Art zu sein. Ein zufällig anwesender Herr strich sich vor Behagen den Schnurrbart. Zwei Landleute sprachen über Preise, während draußen ein Kind laut lachte, daß es beinahe wie Silber und Gold in das mit Bildnissen von Heldensöhnen geschmückte Zimmer hineinklang. Niemandem anders als mir entflohen jetzt einige Zitate, da mir lebhaft daran gelegen sein mußte, das Meinige zur Unterhaltung beizutragen. Mir fiel ein, daß ich mich zeitweise in der Absicht abspiegelte, einen Schäferroman zu schreiben, worin viel über Liebe usw. gesprochen worden wäre. Inzwischen hatte sich ein junger, hübscher Mensch zu den Anwesenden gesellt, der von den zweifellos anmutigen Frauen als derjenige erkannt wurde, dem sie zu verstehen gaben, sie hätten ihn vermißt. Vor Freude über dieses Wiederfinden fing seinerseits der Wirt einen Genugtuungstanz an einzuleiten, und alle, die ihm zusahen, gestanden sich, daß er sich aufs vorteilhafteste mit seiner Aufgabe abfände. Um mir eine gewisse Bedeutung zu verleihen, zog ich eine Tageszeitung aus der Tasche und tat, als läs' ich darin, wobei ich den Inhalt zur Genüge kannte, da ich ihn schon früher Silbe für Silbe durchflogen hatte. Einer der Artikel bezog sich auf das lebensfrohe elfte Jahrhundert. Bezüglich Berta von Suttners Sendung, wandte ich mich an die Gesamtheit der in der Gaststube Vorhandenen, bleibe der Umstand, daß die schönste Idee zu versagen vermöge, menschlich erklärlich. Die Damen lächelten; der Wirt jedoch schüttelte den Kopf, als wünsche er mir zu bedeuten: »Freund, unterbrich wenigstens jetzt noch nicht die Ausflugslust.« Der Fremde mit dem Schnurrbart warf die Meinung auf: »Er glaubt sich ernsthaft gebärden zu müssen, weil er denkt, wir hielten ihn für zu sorglos.« Auf die Bitte der beiden Herzensguten, deren Angestellter er zu sein schien, setzte sich der Folgsame ans Piano, spielte eine Art Lied und begleitete die Musik, die er mit behenden Händen hervorbrachte, mit dem einnehmendsten Gesang. In einem Gast, der still an einem Tische saß, der etwas Entlegenes an sich hatte, glaubte ich einen Schauspieler erkennen zu können. Im Gesang erschien mir wie in einem Rahmen das Gemälde der soeben auf ländliche Art Gefeierten. Bestellungen flatterten wie Täubchen auf; der Wirt eilte hin und her; seine Magd trug artig lächelnd auf, was erbeten worden war; Gläser kamen in klingende Berührung; Messer und Gabeln wurden geschickt gehandhabt.

Sieh, lieber Leser, so schreibt man Aufsätze, von denen man annimmt, sie wirkten angenehm, was ich wünsche, es sei mit diesem hier der Fall.

(um 1926/27)

Etwas wie Liebe schimmert durch das Wäldchen

Etwas wie Liebe schimmert durch das Wäldchen.
Als sei ich ein Jean Paulisches Gottwältchen,
begrüße ich die lächelnden Gestältchen
der Stummen, die auf ihre Art Gedichte,
Geschichten sind, mit freundlichem Gesichte
ich Worte an [die] Unbewußten richte.
Besitzen nicht auch sie,
ich weiß nicht, wie
ich's sagen soll, gespräch'ge Lippen?
Ein Mädchen sah Kaffee mit Milch mich nippen,
und nun spazier' ich so durch alle
Vergnüglichkeiten der Tempelhalle
und weide mich am jugendlichen Vögleinschalle.
Wer ist, wie heißt der Dirigent,
der diese Sänger mit so viel Talent
leitet, daß ihre unnachahmlich leichten Lieder
eins zu sein scheinen mit ihrem Gefieder?
Die Stummen, die den Wald bewohnen,
ihr Freundschaftsverhältnis zur Vögleinwelt betonen.

(um 1927)

Das Hinausblicken in die Landschaft gibt mir zur Beobachtung Anlass

Das Hinausblicken in die Landschaft gibt mir zur Beobachtung Anlaß, daß das Ziehende zierlicher, schöner, edler aussehen kann als das, was feststeht oder standhält. Soeben werden nämlich die Bäume und Bäumchen vom Wind einzig aus dem sehr einfachen, ohne weiteres wahrnehmbaren Grund geschüttelt, daß sie beharrlich sind. Inwiefern sie zeitweise nachgeben, entsteht die Rüttelung. Wenn sie nicht wurzeln würden, könnte von einem Rauschen ihrer Blätter keine Rede sein und infolgedessen auch von einem Lauschen nicht. Das Lauschen ist vom Rauschen abhängig und das Rauschen vom Rütteln und das Rütteln von der fixierten, aus einem bestimmten Platz hervorwachsenden Gegenständlichkeit. Das fliehende, schöne, großartige Gewölk steht nicht fest und erzeugt daher auch kein Rütteln. Ganze Wolkengebirge und -burgengebäude sehen fast nachlässig wie schwimmende Schwäne aus oder wie Frauen, die sich zu einem Lächeln oder zu einer Bewegung bewegen oder bestimmen lassen. Die Bestimmung des Schönen, Weichen, Hohen gipfelt in einer Totalität stillen Sichfügens, wie es beispielsweise mit hohen Ideen oder mit Wohltaten, mit der Gerechtigkeit, mit der Liebe der Fall ist. Unhörbar lautlos zieht sich, vom Urweltenmund des Windes angeblasen, die größte Auffassung dahin. Indes, das Ruhliche, Andauerliche, die diesem Lebendigen Widerstand leistenden oder bietenden Erscheinungen, das Unfaßliche wie das Faßbare sind vorhanden und scheinen sich auf's Köstlichste zu kennen und ergänzen.

(um 1927)

Der Wald (II)

Im Frühling gleicht der Wald, ich möchte sagen,
einem zagenden Fragen, wer wollt' wagen,
im Sommer nicht entzückt zu sein vom Wald?
Ich lag einst ausgestreckt an einer Hald';
ein Maler malt' mich so, und seither bin ich
als träumerisch bekannt. O, üb'raus innich,
wie eine Seele, die mit nichts als Treue
geschmückt ist, sieht der Wald im Herbst aus. Neue
Bücher werden mitunter mit den Jahren
erst wieder neu; es ist dies ein Verfahren,
das niemand reguliert. Wie prächtig ziert
an Wintertagen, sonnigen und klaren,
als glich' er einem Greis in weißen Haaren,
der Reif den Wald, wenn's über Nacht gefriert.
Jed' Jahreszeit verleiht
ihm so sein Kleid, gescheit
wird mit der Zeit, wer sich nicht lang und breit
besinnt, eh' Fehler fröhlich er verzeiht.

(1928)

Ich las im Wald

Kösli hieß sie, die in einem dreihundertseitigen Buch vorkam, das erzählender Art war und dessen Inhalt ich mir auf einem Heidenstein im Wald gleichsam schmecken ließ. Zum stummen Zeugen der Vorgeschichtlichkeit führte ein schmaler Pfad, auf dessen Windungen mir eine Zigeunergesellschaft begegnete. Kösli besaß nebst einer witzigen, neckischen, launischen, ziemlich schönen Nase altmodisches Haar. Bis auf Seite zweihundertfünfzig interessierte sie mich nicht allzu lebhaft. Bereits hatte sich die Überzeugung in mir ausgebildet, Kösli enttäusche mich, als sie mir plötzlich anscheinend verhältnismäßig wertvoll vorkam. Sie besaß in Tüpfi eine Freundin, und sowohl Kösli wie Tüpfi liebten ein und denselben Lumpazi, indem sie ein und denselben Antivagabunden, will sagen, soliden, braven, anstelligen, brauchbaren Menschen, sich mit Entschiedenheit hochzuschätzen weigerten, da er während seines Lebens noch keinen einzigen Roman genossen oder beherzigt hatte. Unverzeihlich trocken sah er jedenfalls aus, wofür ihn beide begreiflichermaßen verantwortlich machten.

Spannend wurde das Buch erst beinahe am Schluß.

Hoch über mir und meinem Versunkensein in die Lektüre schluchzte ein sehnsüchtig singendes Waldvögelein in den Tannenzweigen.

»Du siehst weniger fein aus als ich; du kannst daher den Uninteressanten heiraten«, sprach Kösli zu Tüpfi.

Diese erwiderte: »Ich will's tun und mit dem Alltagsexemplar zufrieden zu sein versuchen.«

In Tüpfi machte sich eine ans Überraschende streifende Nachgiebigkeit geltend, vor der sich Kösli genötigt sah, sich innerlich zu verbeugen, was sie sich ungern genug abrang.

Ein Kind, ein Knabe, ein Mädchen, eine Frau, ein Jüngling, ein Mann, ein Greis und eine Greisin kamen nacheinander am Heidenstein vorüber, den dies Vorbeiwandern gänzlich kalt ließ.

»Tüpfi, bist du ungehalten?« fragte Kösli. Statt etwas zu entgegnen, gab erstere letzterer auf unzweifelhaft nette Art die Hand, womit sich die Heiratsangelegenheitsbeidseitigkeit in Ordnung befand.

Es ist riskant aber hübsch, neidlos gesinnt zu sein.

(um 1928)

Waldfest (II)

Kaum werde ich anläßlich dieses Sonntages in Schwung kommen können. Ich nährte mich zunächst irgendwo mittels eines Kuchens. Im übrigen wünschte ich, daß ich nicht tränke. Meine Meinung war, es sei überflüssig, jeden Sonntag durch Trinken auszuzeichnen. Da ich nüchtern blieb, wird mir diesmal kein hinreißendes Prosastück entstehen; ich glaube dies versprechen zu können. Keine Frau, kein Fräulein, kein Mädchen, kein blasser, empfindsamer Knabe werden Gelegenheit haben, entzückt über die Zeilen zu sein, die sich mit einem Kreis beschäftigen, in den mich meine Schritte unerwartetermaßen trugen. Den ganzen Sonntag lang waren meine Schritte Schrittchen gewesen. Meine Besonnenheiten fanden meinen Beifall, doch jetzt hörte ich etwas, und dies Etwas war ein Glücksrad, das herumfuhr und beim Herumlaufen rauschte und beim Sausen kleinlich brauste. Einer setzte das Glücksrad in Bewegung; über diese Tatsache freute ich mich, und diese Freude war eine kleine, kurze, aber gesunde. Langweilig, doch nicht gelangweilt stand ich so da, hatte das angenehme Gefühl, ich sei ein prächtiger Strammdastehender. Der Boden war weich und reinlich; mein Langweiligsein war ein reichliches und gefiel mir sehr. Wenn ich für die kurzweiligkeitsbedürftige Umwelt langweilig bin, so ist dies für mich vorteilhafter, als wenn ich mich selbst langweilte. Bier- und Zuckerkarten wurden von hiefür Auserwählten feilgeboten. Ich fand ein Glas Bier annehmbar, indem sich Zucker, wie ich dachte, auf sich beruhen ließe. Nach und nach entwickelte sich bei mir die

Überzeugtheit, ich befinde mich im Rahmen eines Waldfestes. Meine diesbezügliche Durchdrungenheit trog mich ja denn auch nicht im geringsten, und nun blickte ich lieb herum und nahm mit unwiderleglicher Freundlichkeit Lustiges und Liebliches wahr. Wie ungeziert, unangestrengt ich das sage! Indem ich eine Sonntagsweichheit, die mich besuchen kam, begrüßte, sorgte ich gleichzeitig für ein Nichtzusehranschwellen dieser an sich sicher schönen, geziemenden Empfindung. Eine zweite Biermarke wurde von mir als schicklich erklärt. Einem Mädchen kaufte ich Gebäck ab; von Zeit zu Zeit rauschte wieder das Glücksrad; ein bäumeabspiegelnder Teich oder Weiher lag reizend in nächster Nähe. Ein Musikkorps spielte und hatte nach erledigter Pflicht Durst. Das Bier in den Gläsern besaß das Aussehen, das ihm eigen sein mußte. Hündchen sprangen unter Röcken von Frauen weg; Zweige schwebten über umherstehenden oder -liegenden Gestalten. Ein Zuckerstock diente als Hutständer. Ringe wurden geworfen. Entweder fing ein Haken einen Ring auf oder ließ ihn abgleiten. Stücke Brot wurden geschnitten. Jemand sprach: »Mir machte eine Wurst Durst, nun trinke ich.« Meine Zufriedenheit nahm weder ab noch zu; sie blieb eine halbe Stunde lang dieselbe. Ungefähr so viel Zeit nahm das Anschauen des Festes in Anspruch. Nicht jedes Vergnügen kann oder will ein anderes als ein gefaßtes sein. Manchem ist es vielleicht nicht lieb, wenn ein Dichter nicht temperamentvoll dichtet, ein Vergnügter sich mit wenig begnügt. Dennoch sage ich zu mir, diese Skizze sei gut.

(um 1928/29)

Karl Walser: *Aussicht auf die Alpen* (Blick vom Weissenstein) (1899)

Im Wald

Wie Gitterstäb' an einem Tor
ragen die Tannen hoch empor.
Was gibt es in dem Wald zu sehen,
außer daß schlanke Bäume stehen?

Der Tag vergeht, die Nacht kommt bald.
Bevor es dunkel wird im Wald,
begebe ich mich durch die Tannen
und gehe später still von dannen.

Wohin mich führt mein Lebensstern,
wüßte ich manchmal nur zu gern,
doch schön ist's, zwischen schlanken Bäumen
auf angenehme Art zu träumen.

(um 1930)

Spaziergang (II)

Der Wald prangte und lachte in seiner bunten Pracht wie eine in ihrem Schlafgemach atmend auf die Ankunft ihres Bräutigams wartende Braut in Ungarn.

Indiens auf geschmeidigen Pranken im Park, den die Wildnis bildet, umherschleichende Tiger hätten nicht mehr dekorative, tapetenhafte Gesprenkeltheit aufweisen können, als es die Zweige mit ihrer verschiedenartig gefärbten Belaubtheit taten.

Alpengipfel blickten jungfrauhaft, mich an Grönlands Sagen und Schneegegenden erinnernd, gleich hochaufgebauten Tempeln, in die grünliche Heimeligkeit hinein, durch die ich meinen Beinen die Erlaubnis erteilte, weich und zugleich kräftig zu schreiten.

Hie und da stand ich, in mein Herz wie in ein noch von keinem Kolumbus entdecktes Amerika schauend, still.

Von weit kam ich her, und ebenso weit hinzugehen, schien ich in der Tat fest im Sinn zu haben, wie wenn ich eine Betretung Australiens in die blauen oder braunen Augen gefaßt hätte.

Mit Hilfe meiner Phantasie begnügte ich mich zunächst, kirgisische Steppen zu durcheilen und argentinische, mit ihrer Gezacktheit den Rand des Himmels berührende Berge zu erklimmen.

Mein Gemüt schloß mit Paradiesvögeln befremdende sowohl wie vertrauenerweckende Freundschaft.

Eine respekterweisende Verbeugung vor der Göttlichkeit

der Natur zur Ausführung gelangen lassend, wollte ich mir schon wie ein Japaner im Schimmer der Religion des Ostens samt ihren Figurationen vorkommen, als mich ein frohmütig einhermarschierender Jäger, der einen federgeschmückten Hut auf dem germanischgeformten Kopf trug, ans kühl- und sorgfältigabwägende Deutschland denken ließ, dessen Lebensweise eine häusliche genannt werden kann.

Die Menge meiner Ziele rastlos verfolgend, klimperte mir nach nicht langer Zeit auf einem tizianisch umhauchten Hügel eine mich in Gedanken nach Italien versetzende Mandoline ins aufmerksam lauschende Ohr.

Anderseits trug ich einen mir jeden Augenblick zur Verfügung stehenden, norwegischen Realismusroman gebunden oder broschiert in der Tasche, damit er mich gelegentlich unterhalte und bilde.

Wundervolle Rußlandausgedehntheiten schwebten mir in Form einer zerstreut mit Birken ausstaffierten Ebene windhundschlank entgegen, Beharrlichkeiten und eine muntere Fülle von Ausdauer in meiner Wesensart zur Belebung bringend.

Wessen man bedarf, entfaltet sich von selber; was man nicht nötig hat, bleibt unentwickelt. Meine Müdigkeiten ließ ich wie Felder, die brach lagen, von meiner Unermüdlichkeit, die mir wie eine hübsche, arbeitsame Negerin vorkam, ausgiebig beackern, bis ich allmählich vor ein Haus zu spazieren kam, das mir, weil ein spanierinähnliches Mädchen vor seiner Türe stand, ein Wirtshaus zu sein schien, weshalb ich in dasselbe hineinging.

Im Interieur erfrischte ich mich zur Belohnung für ausgestandene Wanderstrapazen und überwundene Geistesschwierigkeiten an einem Glas Wein.

(um 1931/32)

Der Wald

Sie trug langes Haar, die eines Sonntagnachmittags im Wald umherspazierte, an dessen Rand ein Restaurant lag. Von Zeit zu Zeit überlegte die Lustwandelnde, welche Richtung sie einschlagen, oder ob sie sich lieber auf den einladend-weichen Boden setzen solle. Allerlei Gedanken bemächtigten sich ihrer. Unter anderem überschaute sie ihren bisherigen Lebenslauf. Wie sonderbar die jetzige Sekunde war! Der Moment, den sie hier unter den Nadeln oder dem Laub der Bäume erlebte, kam ihr sonnig und zugleich dunkel, fast würde ich haben sagen mögen, nächtlich-schwarz vor. Wohin verflüchtigten sich ihre Hoffnungen, und woher kam anderseits das Licht des Vertrauens her, wovon sie sich umschlossen sah? Etwas Wonniges leuchtete vor ihr, und wieder kämpfte sie mit etwas Schwerem, derart, daß sie die Hand auf die Brust legte, wie wenn sie ihr Herz zu beschwichtigen versucht hätte. Denkbar bescheiden sah das Kleid aus, das ihren Körper umhüllte. Ihre Seele weilte noch im Restaurant, dessen Musikklänge ihr Ohr erreichten, das mit Flaum verziert war. Dort im Vergnügungsgarten war sie neben ihrem Verehrer bei einer Tasse Kaffee und einer Portion Kuchen nebst Schlagsahne gesessen und hatte sich in die Idee eingesponnen, ihr Ziel erreicht und die Probleme bezüglich ihrer Person gelöst zu haben. Doch nun stand sie allein unter den Zweigen, und die Frage, weshalb sich dies so verhielt, schien unbeantwortbar zu sein, da das Denken in ihrem Kopf wirr und bunt durcheinanderging. Allem Anschein nach hatte er sich nicht nett benommen. Zweifellos hatte er sich veranlaßt gesehen, vom Tisch, woran sie saß, aufzustehen. Derartiges kam öfters vor. Auch sie erfuhr die Gleichgültigkeit, und was in dieses Kapitel gehört, und jetzt rezitierte sie, sich mit Hilfe ihrer Unbefangenheit zur silberblauen und traumgrünen Waldluft in eine poetische Beziehung setzend, folgendes Gedicht:

Unnütz bin ich und verkannt,
schaue hier ins Unerreichte,
in das Reizende und Leichte,
das mir schmeichelt und mich bannt.

Was es, das ich schön hier finde,
könnte sein, versteh' ich nicht.
Holde Düfte, leise Winde,
angenehmes, mildes Licht.

Bald ist mir, ich möchte wandern,
schreiten mit dem flinken Bein,
bei dem einen oder andern
hübschen Gegenstande sein.

Rascher aber, als ich denke,
flieht mein Wunsch im Flug dahin.
Ich mich zu mir selber lenke
und mit mir zufrieden bin.

(1933)

Im Walde

Wie heimelt's mich jeweilen an,
wenn ich, was ich schon oft getan,
im stillen, lieben Walde stehe
und ringsum nichts als Schönes sehe.

Falls ich nicht sehr im Irrtum bin,
flaniere ich dann her und hin
und mein', ich sei in einem Zimmer,
umwoben von gemaltem Schimmer.

Die Freundlichkeiten, die ihm eigen,
will er mir alle gerne zeigen,
und nie, sofern ich offen sei,
bracht' er mir Langeweile bei.

Ihn, mit den Blättlein ungezählt,
hab' ich vergnügt mir auserwählt,
um zwischen seinen duft'gen Bäumen
Zeit zu vergeuden und zu träumen.

(um 1930-33)

Karl Walser: Frontispiz (1905)

Nachwort
»Grün, grün. Wohin man blickt: Grün«

Robert Walsers Taugenichtse, Wanderer und müßige Spaziergänger kommen zwar nicht direkt aus den »Wäldern und Tälern des romantischen Deutschland« (Benjamin, 327). Aber wie in der Romantik schlagen doch viele seiner Texte den Wald der Sphäre des Unbewussten zu: Der rauschende Wald, Hallraum der Seele in Eichendorffs Liedern, die Waldeinsamkeit in Ludwig Tiecks Kunstmärchen, der schlafende Dornröschenwald der Brüder Grimm, aber auch die späteren Wälder Gottfried Kellers – sie alle waren dem Schweizer Dichter höchst vertraut. Viele seiner Waldtexte thematisieren eine attraktive, manchmal bedrohliche, meist weibliche Erotik: »Wald herrscht also in unserem Land doch als ein breites, wohlwollendes, wollüstiges Ganzes« (SW 1, 93). So heißt es bereits in seiner frühen Erzählung *Der Wald*, die in das erste Buch *Fritz Kocher's Aufsätze* 1904 eingegangen ist. Überraschend ist die Vielfalt, die diese Texte bis zum Ende von Walsers literarischer Produktion aufweisen. Sie arbeiten mit den Ambivalenzen von Verlockung und Gefahr, und sie beziehen Stoff und Anregungen zumeist aus ›zweiter Hand‹: aus Zeitungen, aus Werken der Kunst- und Literaturgeschichte. Der vorliegende Band gibt einen chronologischen Überblick, versammelt Feuilleton-Beiträge, aber auch zu Lebzeiten unveröffentlichte Texte Walsers. Sie zeigen, welch eine zentrale Rolle der Wald, die Wälder bei ihm spielen. Denn sie durchziehen auch seine größere Prosa: vom frühen Berliner Roman *Geschwister Tanner*

(1907) über *Marie. Eine Novelle* (1916), den *Spaziergang* (1917) bis hin zum unveröffentlichten *Räuber*-Roman.

Im Wald der Lektüren

Mit dem Gedicht *Der Wald* setzt Walser um 1900 ein, es zeigt bereits die literarische Bandbreite des Viellesers: »Ich kam in diesen Wald hinein / und kann nun nicht aus ihm heraus. / Mit meiner Ruhe ist es aus. / […]. Ich bin in diesen Wald verliebt, / mein Herz ist tausendfach zerstückt« (SW 13, 43), so lautet die Selbstdiagnose eines nicht näher zu bestimmenden lyrischen Ichs. Einen ganz ähnlichen Monolog führt Gretchen im *Faust I* direkt im Anschluss an die Unterredung von Faust und Mephistopheles in »Wald und Höhle«. Gretchens Klage markiert den Anfang von ihrem bitteren Ende: »Meine Ruhe ist hin, / Mein Herz ist schwer, / […]. // Wo ich ihn nicht hab', / Ist mir das Grab, / Die ganze Welt / Ist mir vergällt. / […]. Mein armer Sinn / ist mir zerstückt« (Goethe, 633). Auch Walsers »Ich« befindet sich im Zustand eines Verirrten und Verwirrten, der vor lauter Bäumen den Wald nicht mehr sieht. Allerdings fehlt seiner Rede die Panik eines Menschen, der sich von Grund auf selbst verloren weiß. Im Gedicht überwiegt vielmehr die Beschreibung einer Waldeslust, die unterschiedslos alles ›Wäldliche‹ begehrenswert erscheinen lässt: »Doch jeder Stein und jeder Stamm / in diesem Wald sind Liebstes mir. / Ich komme niemals mehr zu dir, / Geliebtes, in der andern Welt.« (SW 13, 43) Der Redende entsagt nicht nur allem, was er zuvor einmal geliebt hat, sondern verabschiedet sich

»entzückt« von der »ganze[n] Welt« (ebd.) – und zahlt klaglos den Preis für eine Faszination, die den Wald seit der Romantik als das ›Andere der Vernunft‹ feiert.

Walsers Texte sprechen vom »grünen Rätsel« (SW 13, 45) oder von »allmächtig herrschendem Grün« (SW 1, 92), von geheimnisvollen Wäldern, von »Waldvögelein« (SW 20, 342), vom Eichen-, Tannen-, Zauber- und Wunderwald oder vom Waldbrand (SW 2, 37); vom Wald, der Fels ist (»toter, gestorbener, erdrückter Wald«; SW 1, 93). Sie schöpfen aus den helvetischen Wäldern Gottfried Kellers (vgl. Utz 2002) oder dem Bildreservoir einer Bergwald-Heimat à la Adalbert Stifter (z. B. in *Der Heidenstein;* SW 4, 149). Sie betonen die Ästhetik des Waldes, erörtern in der frühen Erzählung von 1903, dass Wälder nur von einem Maler mit distanziertem Blick dargestellt werden können. Ein Künstler hingegen, der sich in den Wald hineinbegeben und dem »Dunkel so ins direkte Antlitz« (SW 1, 103) schauen wolle, werde nichts, aber auch gar nichts sehen. Erst im letzten Gedicht *Im Walde*, das um 1931 / 32 niedergeschrieben wurde, scheint dieser Gegensatz von innen und außen zumindest scheinbar aufgehoben zu sein: »Falls ich nicht sehr im Irrtum bin, / flaniere ich dann her und hin / und mein', ich sei in einem Zimmer, / umwoben von gemaltem Schimmer« (SW 13, 121; vgl. Groddeck, 72).

Walsers Wälder wahren fast immer den Schein: Nicht selten zeigen sie einen Bühnenraum – wie in der Erzählung *Waldbrand* (1907), in der das Feuer »auf eine Fernrohr-Distanz rückt« (Utz 2013,194) und die kathartische Wirkung der Katastrophe Teil des Erzählten wird. Die jeweils ausgemalte Szenerie – so in den beiden *Waldfest*-Texten (1919 und 1928/29) – erweist sich als »Panoptikum« (SW 16, 60) oder gar Welttheater, das dem Spiel von Schein und Desillusionierung unterliegt: Ein Drittel der hier versammelten Texte tragen variationslose Überschriften wie *Der Wald*, *Im Wald* oder *Vom Wald*. Dieser Gleichförmigkeit entsprechen seriell wirkende Waldgänge, in denen Sehnsuchtsblicke in einen Mond- und Nachthimmel aprupt mit der Einkehr in Wirtshäusern enden: »Schon zeigten sich die Sterne«, so heißt es im *Spaziergang I* von 1914: »Da war gerade das Wirtshaus am Weg. Ich ging hinein« (SW 4, 134).

Zweifellos verdanken sich derartige Profanisierungen auch der Erfahrung einer zunehmenden Nutzung und Einhegung des Waldes für touristische Zwecke. Der Wiener Feuilletonist Alfred Polgar machte 1929 ein Reh zur überirdischen Erscheinung eines »Märchentieres« in einem Wald, »in dem Bänke stehen, Wegweiser, Körbe für Papier und Abfälle, kurz durch den der Atem der Zivilisation weht« (zit.n. Jäger, 237). Walsers »gestörte Idyllen« (Tismar) zeigen sich eher im Sprachspiel als in der direkten Satire: Im Prosastück *Der Wald* von 1912 wird der erotische Auftritt der Bergkönigin in Tiecks Kunstmärchen *Der Runenberg* (1802) in eine zeitgemäßere, quasikolonialistische ›Urwald-Verlockung‹ durch eine »wilde, große, schöne fremde« Waldfrau von einer »herrlichen, tannengleichen Gestalt« (SW 3, 141) umgeschrieben: Während bei Tieck die Herrscherin über unermessliche Gold- und Steinwelten den vom rechten Wege abgekommenen Jüngling Christian mit ihrem wie Marmor glänzenden Leib um den Verstand bringt, heißt es bei Walser: »und sie nahm den Rock von den Beinen weg, und da schimmerte mir durch das Dunkel des Waldes sanft das himmlisch schöne weiße Elfenbein entgegen« (SW 3, 141).

Poetische Wälder und »Lustwäldchen«

Walsers Wälder verleugnen nicht ihre literarische Herkunft: Sie sind Blätterwerke aus Papier. Seine Lektüren legen die Spur für das Verständnis der Gedichte und Prosastücke. Gewiss sind sie nicht auf intertextuelle Bezüge zu reduzieren, sondern verweisen immer auch auf Spaziergänge und Wanderungen des passionierten Fußgängers im Seeland und Berner Oberland. Sie gehören zu den Lebensstationen des Schweizer Autors, der seinem Maler-Bruder Karl Walser nach Berlin folgte, aber bereits 1913 der Großstadt wieder den Rücken kehrte und sich in seiner Geburtsstadt Biel-Bienne niederließ, bevor er 1921 nach Bern weiterzog.

Gelegentlich lassen sich seine Gedichte wie Elegien eines Verlorenen lesen: So beginnt das auf 1930 zu datierende Gedicht *Im Wald* mit den Versen: »Wie Gitterstäb' an einem Tor / ragen die Tannen hoch empor« (SW 13, 108) da war Walser seit gut einem Jahr in der psychiatrischen Heilanstalt »Waldau« interniert (Wernli, 308). Bei allem widersetzen sich diese Texte aber einer Lesart, die in den erzählten oder lyrischen Wäldern ›wirklich Erlebtes‹ suchen wollte: Sie wissen vielmehr um die literarischen Muster, deren sie sich bedienen. Ihnen ist die Gattungstradition vertraut, die in der Geschichte der

Rhetorik und Poetik seit der Antike den Begriff der »Wälder«, lateinisch »silvae«, für ›wildwüchsige‹ Gelegenheitstexte unterschiedlichster Art, ohne strenge formale Ordnung oder Plan gebrauchte (vgl. Groddeck, 73). Die mitlaufende Assoziation von Bosquetten, Dickichten und labyrinthischen Lustgärtchen hatte erheblich zur Zweideutigkeit des Begriffs beigetragen. Sie lag auch der Rokkoko-Mode um 1900 zugrunde, die der Walderotik zu neuer Popularität verhalf: Die im Verlag Bruno Cassirer erscheinende Zeitschrift *Jugend* widmete der galanten Epoche 1906 eine ganze Nummer, und Franz Blei, den Walser 1898 kennengelernt hatte, gab 1907 den Band *Das Lustwäldchen. Galante Gedichte aus der deutschen Barockzeit* heraus. Darin finden sich Texte mit Titeln wie »Die Schooß.« von Christian Friedrich Hunold: »Der Liebe Ruhestatt, die liegt auf meinem Grunde, / Ihr Forst, in welchem sie die schönsten Zobel jagt, / Die Männer sind dabei die besten Jägerhunde« (zit.n. Blei, 53). Walser konnte diesen Band noch nicht kennen, als er seine frühe – in der Buchfassung 1904 vom Bruder Karl Walser illustrierte – *Wald*-Erzählung veröffentlichte. Aber der Stoff lag in der Luft – dies zeigt der Abschnitt »Knabe und Sängerin!«; dort heißt es über den Wald: »Ich will in ihn hineindringen, will ihn haben, will, daß er mich habe, ganz, so wie ich bin. Aber er stößt mich zurück, ich sehe es ja. Ich darf nicht mehr vorwärts, ich habe so Angst« (SW 1, 101). In Walsers späteren Wald-Texten finden sich dergleichen ödipale Grundstrukturen nur noch gelegentlich. Hingegen wird die in diesem Text ebenfalls angelegte Malerkonstellation in den Arbeiten nach 1910 stärker betont.

Grün – »Farben sind Sprachen«

Der Prosatext *Grün* erschien erstmals im August 1911 in der ebenfalls bei Bruno Cassirer in Berlin verlegten Zeitschrift *Kunst und Künstler*. In ihm wird dem Farbton des Waldes eine Bedeutung zugemessen, die mit Assoziationen von Leben und Vegetation nicht mehr vereinbar ist: »Es gibt keine Farbe auf der Welt, die so sehr Einsamkeit und Planeten-Verlorenheit ausdrückt wie Grün.« Es sei »ja in der Tat auch etwas Irrsinniges am Grün« (SW 15, 115 f.). Mit den Farben Grün und Blau hatte wenige Jahre zuvor der Berner Maler Ferdinand Hodler in seinen ›planetarischen Landschaften‹ des Schweizer Hochgebirges am Genfer und am Thuner See den Schritt zur Abstraktion vollzogen. Walsers Verehrung für den Maler zeigte sich noch in einem 1925 in der *Prager Presse* publizierten Text zu Hodlers *Buchenwald* (1885), dessen Farbgebung er ausdrücklich als Beispiel des künstlerischen Ausdrucks lobt (vgl. Müller 2013). In der Erzählung *Grün* sieht der Erzähler jedoch vor allem Abgründe: »Ich fürchte mich im Winter nie vor mir«, so fährt er fort, »im Herbst habe ich geradezu goldenes Zutrauen zu mir selber, aber im Grün, um Gottes willen, hinein in die erstbeste Kneipe, trinken, trinken. Grün tötet« (SW 15, 115 f.).

Die Rede über Farben grundiert auch in den Jahren vor und während des Ersten Weltkriegs Walsers Arbeiten. Darüber hinaus rufen sie das Motiv des Doppelgängers auf, von Menschen also, »die sich selber sehen« (Jean Paul, 67). Sie orientieren sich nun an Georg Büchners Erzählfragment *Lenz* (postum 1839), das die Vogesen-Wanderung des Sturm-und-Drang-Dichters thematisiert. Ins Zentrum rückt eine Landschaftsdarstellung, der bei Büchner die Funktion eines Spiegels psychischer Zerrüttung und Einsamkeit zukommt. Walsers *Nächtlicher Aufstieg* und *Die Landschaft* (beide März 1914), auch *Spaziergang I* (Mai 1914) können deshalb als Vorarbeiten zum *Spaziergang* von 1917 gelten, der zu den bekanntesten Texten des Autors zählt. In ihm wird die Begegnung mit einem unheimlichen Alter ego des Erzählers (mit dem Riesen »Tomzack«; SW 5, 28 f.) beschrieben. Eine ähnliche Passage findet sich bereits im Text *Die Landschaft I*: »Noch ein anderer Mensch schritt durch das Gehölz«, so heißt es dort, »durch all dieses schwermütige Schwarz. Seine vermummte Gestalt war noch um etwas schwärzer als das Schwarz der Landschaft. Wer war er, und was wollte er?« (SW 4, 83) Walsers Texte arbeiten deutlich mit den sprachlichen Besonderheiten der *Lenz*-Erzählung, imitieren und variieren deren Eingangspassage in Sätzen wie: »Es war alles so grau« (ebd., 82) oder im *Nächtlichen Aufstieg*: »Alles so still« (SW 4, 82). Vor allem knüpfen sie an Büchners Erzähltechnik an, Landschaftsformationen auf Farben zu reduzieren: »ein scharfes, eisigkaltes Silbergrün« (SW 4, 133) oder »ein feuriges, süßes Rot« (ebd.). Die zuvor verdammte Farbe »Grün« taucht in der Rede des Erzählers zugleich als eine »herrliche abendliche Sprache« auf, denn »Farben sind wie Sprachen« – so heißt es im *Spaziergang I* (SW 4, 133).

Im späten *Räuber*-Roman, der in Mikrogramm-Blättern überliefert und wahrscheinlich im Juli / August 1925 niedergeschrieben wurde, wird die grüne Farbe des Waldes programmatisch zur Disposition gestellt: Dort findet sich die Überlegung, »was für eine neue und niedagewesene Farbe« als »Gewand für den Wald« (AdB 3, 86) vorzuschlagen wäre. Die Passage folgt auf die Bemerkung »Schlachtfelder blühen rot und strotzen vor Purpur« (AdB 3, 86); und sie mündet in ein weiteres Gewaltnarrativ. Der ›blutige Rahmen‹ dieser Waldpassage lässt sich auch im Kontext aktueller zeitgenössischer Debatten lesen: Am 31. August 1924 wurde – in Anwesenheit Hindenburgs – der Grundstein für das sog. »Tannenberg-Denkmal« in Ostpreußen gelegt und somit die Vorbereitungen im Deutschen Reich zur selbstgerechten Erinnerung an die im Ersten Weltkrieg Gefallenen vorläufig beendet. Dem Festakt gingen zahlreiche öffentliche Diskussionen und Vorschläge voraus (vgl. Ziemann, 227 f.), welcher deutsche Wald das Denkmal für die gefallenen Krieger am besten repräsentiere. Tannenberg schien schließlich als Ort des nationalen Gedenkens doppelt geeignet zu sein: Denn er verwies zum einen auf die siegreiche Schlacht des Deutschen Reichs gegen die russischen Truppen an der Ostfront 1914. Zum anderen wurde er von Ludendorff als späte ›Revanche‹ für die Niederlage des Deutschen Ordens gegen das polnisch-litauische Heer 500 Jahre zuvor bei Grünfelde (polnisch Grunwald) stilisiert. Das Beispiel legt nahe, dass Walsers Waldtexte auch als widerständige Reaktion auf die zunehmende Ideologisierung und Nationalisierung des deutschen Waldes zu lesen sind.

Die meisten der Wald-Gedichte blieben zu Lebzeiten unveröffentlicht. Deutlicher belegen die Prosastücke aus den Jahren 1924 bis 1932 Walsers Auseinandersetzung mit dem Wald als einem deutsch-nationalen Kollektivsymbol und Symptom der Repression. In diese Textgruppe gehören insbesondere *Der Wald von Diaz* (1924/25), vordergründig eine szenische Beschreibung eines der Waldbilder des französischen Malers Narcisse Virgile Diaz de la Peña (1808-1876). In ihr wird das imaginäre Gespräch einer Mutter mit ihrem Kind »in einem von Diaz gemalten Wald« (im Folg. AdB 1, 295f.) wiedergegeben, das – nach allen Regeln autoritärer Erziehung – durch Strafe und Liebesentzug zur ›Selbstständigkeit‹ gebracht werden soll: »Man muß endlich mit dir deutsch reden, sonst bleibst du dein Leben lang ein hülfloses Kind, in einem fort auf die Mutter angewiesen. [...] So wahr ich hier mit dir im Wald stehe, den Diaz malte, sollst du dir den Lebensunterhalt sauer verdienen gehen, damit du mir innerlich nicht verwilderst.« Nach dieser mütterlichen Rede zittert nicht nur das Kind, sondern – so heißt es weiter –, »durch die Blätter des Diazwaldes fuhr ebenfalls ein Zittern«. Walsers Bild-Inszenierung endet mit der anonym-moralischen Belehrung, dass das Kind, »damit es gefalle« in »der Welt, die auch ein Wald ist«, zunächst alle »Selbstgefälligkeit« aus sich vertreiben müsse. Der parabelartige Text ohne identifizierbaren Erzähler ruft den Wald und sogar »das Laub am Boden« in den Zeugenstand: es gibt keinen Unterschied mehr zwischen innerer Verwilderung und äußerer Zivilisation. Der Text inszeniert eine sprachliche Gewaltausübung, die im Namen der Ordnung eine Abschaffung der Humanität betreibt.

Auch der *Spaziergang II* (ca. 1931/32) ist vor dem Hintergrund waldnationalistischer Agitation dieser Jahre zu lesen: Der Text ruft Reminiszenzen an Adelbert von Chamissos Erzählung *Peter Schlemihls wundersame Geschichte* (1813) hervor, in der der Protagonist seinen Schatten unwissentlich an den Teufel verkauft hat, aber seine Seele um jeden Preis doch noch retten will. Gezeichnet durcheilt Peter mit Siebenmeilenstiefeln die Welt. Walsers Spaziergänger beginnt hingegen seine Tour de force (SW 20, 84f.) in einem Wald und phantasiert sich in viele Länder und Erdteile hinein – von Ungarn über Indien, Grönland, Amerika, Australien, er durcheilt »kirgisische Steppen« und erklimmt argentinische Berge, lässt sich in Gedanken nach Italien versetzen, mit einem »norwegischen Realismusroman« in der Tasche und »Rußlandausgedehntheiten« im Sinn. Auf halber Strecke begegnet ihm schließlich die Realität: »ein frohmütig einhermarschierender Jäger, der einen federgeschmückten Hut auf dem germanischgeformten Kopf trug« und der ihn »ans kühl- und sorgfältigabwägende Deutschland denken ließ, dessen Lebensweise eine häusliche genannt werden kann«. Die »ausgestandene[n] Wanderstrapazen« des Erzählers enden dann aber doch noch in einem Haus, das ihm ein Wirtshaus zu sein schien, »weil ein spanierinähnliches Mädchen vor seiner Tür stand«. Dieser Satz irritiert sowohl grammatikalisch (»weil«) als auch inhaltlich: Sinn erlangt er vor dem Hintergrund der Entstehungszeit des Textes:

Mitte April 1931 wurde die Zweite Spanische Republik ausgerufen, »la niña bonita« – übersetzt »das schöne Mädchen«. Sie galt als politische Hoffnung in einem Europa der gefährdeten Demokratien.

Sabine Eickenrodt und Erhard Schütz

Editorische Notiz

Walsers Texte werden in chronologischer Reihenfolge wiedergegeben. Die Datierung unveröffentlichter Mikrogramme und Manuskripte erfolgt nach der sechsbändigen Ausgabe *Aus dem Bleistiftgebiet* (AdB), hg. von Bernhard Echte und Werner Morlang, bzw. nach den *Sämtlichen Werken in Einzelausgaben* (SW), hg. von Jochen Greven. Die Erstdrucke der zu Lebzeiten publizierten Texte wurden nach dem elektronischen Findbuch der *Kritischen Walser Ausgabe* (KWA), hg. von Barbara von Reibnitz und Wolfram Groddeck (Basel / Frankfurt am Main 2008 ff.), ermittelt.

Streichungen, unsichere oder alternative Lesungen werden nicht kenntlich gemacht.

Bildnachweise

Die Abbildungen 1, 4 und 6 befinden sich auch bei Echte/Meier (Hg.): Die Brüder Karl und Robert Walser. Maler und Dichter. Stafa 1990. Wir danken Bernhard Echte, der uns diese Druckvorlagen zur Verfügung gestellt hat, ebenso Frau Dr. Bernadette Walter (NMB) für freundliche Auskunft.

Seite 8: Karl Walser, *Landschaft* (1897). Aquarell; 47,5 x 36,5 cm. Privatbesitz.

Seite 10: Karl Walser, *Der Wald* (1902/03). In: *Fritz Kochers Aufsätze*. Mitgeteilt von Robert Walser. Leipzig: Insel-Verlag (1904). Robert Walser-Archiv, Bern (Signatur RWZ WB 1.5/SaSch).

Seite 33: Ferdinand Hodler, *Thunersee mit Niesen* (1910). Öl auf Leinwand, 105,5 x 83 cm. Sammlung Schmidheiny. Foto: SIK-ISEA, Zürich.

Seite 43: Karl Walser, *Der Wald* (1902/03). Öl auf Holz; 72 x 43 cm. NMB Neues Museum Biel | Nouveau Musée de Bienne.

Seite 69: Ferdinand Hodler, *Der Buchenwald* (1885). Öl auf Leinwand. 102 x 131 cm. Kunstmuseum Solothurn (Schweiz). Schenkung Frau Erica Peters im Andenken an Herrn Dr. Rudolf Schmidt, 1971. Foto: Philipp Hitz, SIK-ISEA, Zürich.

Seite 85: Karl Walser, *Aussicht auf die Alpen* (Blick vom Weissenstein) (1899). Öl auf Karton; 30 x 36,5 cm. Privatbesitz.

Seite 93: Karl Walser, Frontispiz zu: Adalbert Stifter, *Studien*. Zwei Bände. Bd. 2. Neue Taschenbuchausgabe mit einer Einleitung von Johannes Schlaf. Leipzig: Insel-Verlag (1905).

Textnachweise

Die Texte dieses Bandes sind folgenden Ausgaben entnommen:

Robert Walser: Sämtliche Werke in Einzelausgaben. Hg. von Jochen Greven. 20 Bde. Zürich und Frankfurt/M.: Suhrkamp Verlag 1985/86 (suhrkamp taschenbuch 1101-1120) [= SW].

Robert Walser: Aus dem Bleistiftgebiet. 6 Bde. Im Auftrag des Robert Walser-Archivs der Carl Seelig-Stiftung/Zürich entziffert und hg. von Bernhard Echte und Werner Morlang. Frankfurt/M.: Suhrkamp Verlag 1985-2000 [= AdB].

Robert Walser: Feuer. Unbekannte Prosa und Gedichte. Hg. von Bernhard Echte. Frankfurt/M.: Suhrkamp Verlag 2003 [= Feuer].

Der Wald (I) – (SW 13, S. 43 f.); unveröff.; nach Greven: spätestens 1900.

Vom Wald – (SW 13, S. 45 f.); unveröff.; nach Greven: spätestens 1900.

Der Wald – (SW 1, S. 91-107); Sonntagsblatt des Bund, Nr. 34, 23. 8. 1903.

Der Waldbrand – (SW 2, S. 35-38); Das Blaubuch, Jg. II, H. 28, 11. 7. 1907.

Grün (I) – (SW 15, S. 114-116); Kunst und Künstler, Jg. IX, H. XI, 1. 8. 1911.

Der Wald – (SW 3, S. 140-142); Die Rheinlande (Deutsche Monatshefte), Jg. XII, H. 11, November 1912.

Tannenzweig, Taschentuch und Käppchen – (SW 4, S. 135 f.); März, Jg. VIII, Bd. 1, H. 4, 24. 1. 1914.

Die kleine Schneelandschaft – (SW 4, S. 90 f.); Vossische Zeitung, Nr. 89, Abendausgabe, 18. 2. 1914.

Der nächtliche Aufstieg – (SW 4, S. 81 f.); Die neue Rundschau, Jg. XXV, Bd. 1, H. 3, März 1914.

Die Landschaft (I) – (SW 4, S. 82 f.); Die neue Rundschau, Jg. XXV, Bd. 1, H. 3, März 1914.

Spaziergang (I) – (SW 4, S. 131-134); Der Neue Merkur, Jg. 1, H. 2, Mai 1914.

Der Heidenstein – (SW 4, S. 148 f.); Die Rheinlande (Deutsche Monatshefte), Jg. XIV, H. 6, Juni 1914.

Der Waldberg – (SW 4, S. 149-151); Die Rheinlande (Deutsche Monatshefte), Jg. XIV, H. 6, Juni 1914.

Sonntagmorgen – (SW 4, S. 119 f.); Kleine Dichtungen. Kurt Wolff Verlag. Leipzig 1914.

Im Wald – (SW 16, S. 13 f.); Sonntagblatt des Bund, Nr. 17, 2. 5. 1915.

Waldfest (I) – (SW 16, S. 59-61); Neue Zürcher Zeitung, Jg. 140, Nr. 1199, 6. Blatt, 10. 8. 1919.

Der Wald von Diaz – (AdB 1, S. 295 f.); Mkg. 255r / IV, September-November 1924.

Hier an diesem Wäldelein – (AdB 2, S. 311); Mkg. 267r / II, Oktober-Januar 1924 / 25.

Wie feierlich so eine Tanne steht – (AdB 2, S. 360); Mkg. 484r / XII, Januar-März 1925.

Im Walde – (AdB 2, S. 386); Mkg. 514r / V, August-Oktober 1925.

Die Kreatur – (SW 13, S. 245 f.), Prager Tagblatt, Jg. 50, Nr. 231, 4.10.1925, Unterhaltungsbeilage.

Hodlers Buchenwald – (SW 17, S. 187-189); Prager Presse, Jg. 5, Nr. 341, III. Auflage, Morgenausgabe, 13.12.1925, Dichtung und Welt, Nr. 50.

Wenn jetzt die Bäume – (AdB 4, S. 266 f.); Mkg. 358r / II, Mai / Juni 1926.

Das Wirtshaus am Waldrand – (SW 19, S. 55-58); Mkg. 14r / I (nicht in AdB); unveröff. Manuskript, nach Greven: 1926 / 27.

Etwas wie Liebe schimmert durch das Wäldchen – (AdB 6, S. 420); Mkg. 29r / I, Juni 1927.

Das Hinausblicken in die Landschaft gibt mir zur Beobachtung Anlaß – (AdB 5, S. 83); Mkg. 21r / I, Sommer / Herbst 1927.

Der Wald (II) – (SW 13, S. 96); Prager Presse, Jg. 8, Nr. 195, III. Auflage, 15.07.1928, Dichtung und Welt, Nr. 29.

Ich las im Wald – (SW 20, S. 342 f.); Mkg. 109r / I; unveröff. Manuskript, nach Echte / AdB 6, S. 763: Herbst 1928.

Waldfest (II) – (SW 19, S. 58 f.; unveröff. Manuskript, nach Greven: 1928 / 29.

Im Wald – (SW 13, S. 108); unveröff. Manuskript, nach Greven: 1930.

Spaziergang (II) – (SW 20, S. 83-85); unveröff. Manuskript, nach Greven: 1931 / 32.

Der Wald – (Feuer, S. 94 f.); Berliner Tageblatt, Jg.62, Nr. 310, Abendausgabe, 5.7.1933. Das angehängte Gedicht ist auch unter dem Titel »Die Alleinstehende« in Reinschrift überliefert und nach Greven auf das Jahr 1930 zu datieren (SW 13, S. 237).

Im Walde – (SW 13, S. 121); Mkg. 3r / III; unveröff. Manuskript, nach Echte / AdB 6, S. 748: 1930-33 (nach Greven: 1931 / 32).

Literaturhinweise

Benjamin, Walter: Robert Walser. In: Gesammelte Schriften. Unter Mitwirkung von Theodor W. Adorno und Gershom Scholem hg. von Rolf Tiedemann und Hermann Schweppenhäuser. Bd. II.1 (hg. von Rolf Tiedemann und Hermann Schweppenhäuser). Frankfurt/M. 1980, S. 324-328.

Blei, Franz (Hg.): Das Lustwäldchen. Galante Gedichte aus der deutschen Barockzeit. Gesammelt und hg. von Franz Blei. Siebente Auflage. München 1908.

Bonn, Klaus: Waldschneisen. Zu Robert Walser, W.G. Sebald und Gustave Flaubert. In: Ders. (Hg.): Replika. Lektüren verbaler Halluzination (Aisthesis Essay, Bd. 25). Bielefeld 2006, S. 149-160.

Echte, Bernhard / Meier, Andreas (Hg.): Die Brüder Karl und Robert Walser. Maler und Dichter. Stäfa 1990.

Goethe, Johann Wolfgang: Sämtliche Werke nach Epochen seines Schaffens. Münchner Ausgabe. Hg. von Karl Richter in Zusammenarbeit mit Herbert G. Göpfert, Norbert Miller und Gerhard Sauder. Bd. 6.1 (Weimarer Klassik, 1798-1806). München, Wien 1986.

Groddeck, Wolfram: Vom Walde. Robert Walser im Spiegel von Texten Gottfried Kellers. In: Ursula Amrein / Wolfram Groddeck / Karl Wagner (Hg.): Tradition als Provokation. Gottfried Keller und Robert Walser. Zürich 2012, S. 71-82.

Gronau, Peter: »Ich schreibe hier dekorativ«. Essays zu Robert Walser. Würzburg 2006 (bes. Kap. 2.2 – Tannhäuser im Tannenwald. Robert Walsers Sprachinnenräume, S. 26-35).

Jäger, Christian: Wachträume unterm Strich. Zum Verhältnis von Feuilleton und Denkbild. In: Kai Kauffmann / Erhard Schütz (Hg.): Die lange Geschichte der Kleinen Form. Beiträge zur Feuilletonforschung. Berlin 2000, S. 229-242.

Jean Paul: Werke. Hg. von Norbert Miller. Zweiter Band. 4. korrig. Aufl. München 1987.

Müller, Andreas Georg: Mit Fritz Kocher in der Schule der Moderne. Studien zu Robert Walsers Frühwerk (Basler Studien zur deutschen Sprache und Literatur, Bd. 88). Tübingen / Basel 2007 (bes. Kap. 5 – »Der Wald« als Wald und ›Wald‹, S. 143-170).

Müller, Dominik: »In Prag gab es doch Aufregenderes zu lesen als Walsereien«. Zur Publikation von Robert Walsers Feuilletontext *Hodlers Buchenwald* in der *Prager Presse*. In: Norbert Christian Wolf / Rosemarie Zeller (Hg.): Musil-Forum, Bd. 32. Berlin / Boston 2013, S. 162-179.

Schütz, Erhard: »... in den Wäldern selig verschollen«. Waldgänger in der deutschen Literatur seit der Romantik. In: Pressburger Akzente. Vorträge zur Kultur- und Mediengeschichte an der UK Bratislava, Nr. 3 (hg. von Sabine Eickenrodt und Jozef Tancer). Bremen 2013.

Stiemer, Hendrik: Fritz Kocher's Aufsätze (1904). In: Lucas Marco Gisi (Hg.): Robert Walser Handbuch. Leben – Werk – Wirkung. Stuttgart 2015, S. 90-94.

Tismar, Jens: Gestörte Idyllen. Eine Studie zur Problematik der idyllischen Wunschvorstellungen am Beispiel von Jean Paul, Adalbert Stifter, Robert Walser und Thomas Bernhard. München 1973.

Utz, Peter: Ausklang und Anklang – Robert Walsers literarische Annäherungen an Gottfried Keller. Rede zum Herbstbott 2011. Siebzigster Jahresbericht. Hg. von der Gottfried Keller-Gesellschaft. Zürich 2002, S. 3-29.

Utz, Peter: Kultivierung der Katastrophe. Literarische Untergangsszenarien aus der Schweiz. München 2013 (bes. S. 193 f.: Robert Walsers zügelnde Flammenschauspiele).

Wernli, Martina: Schreiben am Rand. Die »Bernische kantonale Irrenanstalt Waldau« und ihre Narrative (1895-1936). Bielefeld 2014.

Ziemann, Benjamin: Wald-Gewalt. Wald und Krieg. In: Unter Bäumen. Die Deutschen und der Wald. Hg. von Ursula Breymayer und Bernd Ulrich für das Deutsche Historische Museum. Dresden 2011, S. 223-229.

Inhalt

 Bezugspapier: Ferdinand Hodler, *Der Buchenwald (Le Bois de Châtelaine)*, 1885, Kunstmuseum Solothurn, Schenkung Frau Erica Peters im Andenken an Herrn Dr. Rudolf Schmidt, 1971. Foto: Philipp Hitz, SIK-ISEA, Zürich. Gesetzt in der Schrift Adobe Garamond Pro. Gedruckt auf holzfreies, alterungsbeständiges Werkdruckpapier der Firma Cordier, Bad Dürkheim, von der Memminger MedienCentrum AG. Gebunden in Fadenheftung von der Conzella Verlagsbuchbinderei GmbH & Co KG, Aschheim-Dornach.
Printed in Germany. ISBN 978-3-458-19477-4